KIEFT

Michel van Egmond

Kieft

VOETBAL INTERNATIONAL

Colofon

Auteur: Michel van Egmond
Eindredactie: Joke Jonkhoff en Martin Donker
Vormgeving: Pre Press Media Groep
Druk: Ten Brink, Meppel
Drukwerkbegeleiding: Geert Gortzak
Coördinatie: Marieke Derksen
Omslagontwerp: Remy Best
Omslagfoto: Jacqueline de Haas

Eerste druk: mei 2014
Tweede druk: mei 2014
Derde druk: mei 2014

ISBN 978 90 6797 084 6
NUR 491

** Om de privacy van de deelnemers te respecteren, zijn in de hoofdstukken over de NA-meetings pseudoniemen gebruikt.*

'The monkey is off my back,
but the circus is still in town'

–Wim Kieft, mei 2014

Voor mijn moeder en kinderen

Proloog

'Het moet allemaal niet te zwaar worden, hè?'

-Nee, Willem.

'Niet dat mensen halverwege dat boek al gaan denken: ja hoor Wim, nu weten we het wel. Met je probleempjes. En je gevoelens, en zo. Er moet af en toe ook wel een beetje gelachen worden. Toch?'

-Uiteraard.

'Oké. Maar vind jij mij wel een aardige gozer?'

-Zeker. Hoezo?

'Nou ja, ik weet niet. Soms word ik ook weleens heel moe van mezelf, hoor.'

-Ja?

'Ja. Heel erg moe zelfs. En waar je ook aan zult moeten wennen: ik kan het ene moment mijn hart uitstorten maar er dan het volgende moment opeens he-le-maal klaar mee zijn.'

-Waarmee?

'Nou, met praten over mijn gevoelsleven en zo. Het moet bij mij niet te zweverig worden. Dan stop ik. Zo ben ik mijn hele leven al geweest. Op die momenten zie ik mezelf zitten. En dan gaat het even niet meer, of zo.'

-Is niet erg.

'Oké. Maar het is nogal wat hoor, als ik ga vertellen. Laat ik zeggen: daar valt dat doelpuntje tegen Ierland wel bij in het niet.'

-Dat geloof ik graag.

'Jongen, het is een teringzooi om mij heen. Een té-ringzooi. Maar ik ben het nu aan het repareren. En dat gaat al een jaar goed. Gelukkig. Het gaat steeds een beetje beter met me. Maar het is niet altijd een vrolijk verhaal.'

-Vertel 's.

'Bijna twintig jaar verslaafd geweest. Coke. Veel gedronken, veel absurde dingen meegemaakt. Opnames in afkickklinieken. Al het geld opgemaakt en nu in de schuldsanering. Ik moet leven van nog geen twee tientjes per dag.'

-Jezus.

'Ik heb hartverscheurende dingen meegemaakt, jongen. Ik kan je duizend verhalen vertellen waar me nu nog de tranen van in de ogen schieten. Een gestrand huwelijk, een ex met wie het helemaal niet goed gaat, mijn kinderen… Maar hé, het moet niet te sensationeel worden hè? Dat wil ik niet. Daar ben ik allergisch voor.'

-Waarom doe je dit? Alleen voor het geld dat het zou kunnen opleveren?

'Nee, hoewel het mooi zou zijn als ik met de opbrengst mijn schulden deels kan afbetalen. Maar ik wil dit ook kwijt. Wat ik nu doormaak, kan een mooi verhaal opleveren. Met veel tragiek. Maar toch ook wel met mooie dingen.'

-Zie je ertegenop om alles te vertellen?

'Nee. Het is goed voor me om het er over te hebben. Ik ga al een jaar bijna elke dag naar een meeting van de NA, de Narcotics Anonymous. Ik ontmoet er andere verslaafden, met wie ik ervaringen uitwissel. Ik heb me dus al vaker blootgegeven. Maar bij sommige onderwerpen moet ik wel oppassen. Dan rakelt het praten op een gegeven moment te veel op. Dan kan ik beter even stoppen. Het ligt er ook een beetje aan hoe ik me op dat moment voel. Daar heb ik nog weinig controle over. Maar dat zul je wel merken.'

-Oké.

'Ik hoop alleen dat we iets verder komen dan van die clichés over het zwarte gat en zo. Daar heb ik zo'n hekel aan.'

-Ik ook.

'En je moet van mij ook geen sappige verhalen over een wild leven verwachten. Die zijn er niet, zulke verhalen. Ik was niet iemand die in striptenten en bordelen zat te snuiven. Ik zat zielig in mijn hotelkamertje. Alleen. Met allemaal flessen drank om me heen. Begrijp je?'

-Ja.

'De twijfel, het schuldgevoel, de trots... Ik hoop dat dat er ook in zit. En verder dat ik niet helemáál overkom als een complete idioot. Dat zou ook wel lekker zijn.'

-Ik zal mijn best doen.

'Ik ook. Je mag alles zien, je mag overal mee naartoe. Maar ik weet niet of ik alles wat jij van mij hoort ook in het boek wil hebben. Ik moet ook aan anderen denken. Mijn kinderen, mijn moeder. En voor sommige dingen schaam ik me ook te erg.'

-Ik snap het.

'Schaamte, schuldgevoelens, angsten, dat zijn allemaal

dingen die een grote rol spelen in mijn leven nu. Faalangst ook. Faalangst, twijfel. Heel erg.'

-Goed.

'Oké. Het zal misschien best zwaar worden voor mij. Maar hopelijk lucht het ook op. Misschien valt er een last van mijn schouders. Of helpt het me op een andere manier verder.'

-Dat zou heel mooi zijn.

'Ja. Zeker.'

-Nou, aan de slag dan maar. Twijfel is misschien een mooi thema om mee te beginnen.

'Oké. Maar je vindt me dus echt niet te saai, of zo?'

STAPPENWERKBOEK NARCOTICS ANONYMOUS
Stap 1, bladzijde 7

VRAAG 14:
-Denk ik dat ik genoeg weet over verslaving en herstel om mijn gedrag onder controle te kunnen houden, voordat het uit de hand loopt?
'Nee, dat denk ik niet. Ik moet nog zo veel leren, ben zo kwetsbaar en zo bang.'

'Hier, heb je mijn hele leven'

'Hier,' zegt Wim Kieft, 'hier heb je mijn hele leven.' Het is februari 2014, tien uur 's ochtends in de lobby van het Amsterdamse College Hotel. Buiten knarst de tram richting De Lairessestraat, binnen overhandigt hij een verweerde plastic tas van Albert Heijn. Daarin zitten twee boeken, drie notitieblokken en een beduimeld schoolschrift. Dat laatste is ooit van een van zijn dochters geweest. Op het roze kaftje staat: Mauri Kieft, Maatschappijwetenschappen, 5 havo. De rest van de tas wordt gevuld met een ongeordende berg losse dagboekaantekeningen. Bladzijde na bladzijde geven ze inzicht in zijn diepste gevoelens, zijn grootste angsten en zijn hardnekkigste twijfels. 'Neem maar mee, die tas. Je mag overal in kijken. Dit is wie ik ben,' zegt hij. 'En nu ga ik naar buiten. Roken.' Even later kun je de voormalig topscorer van Europa door de tuin van het hotel zien ijsberen, driftig trekkend aan de zoveelste Camel-filter van de dag.

Wim Kieft was zeventien jaar toen hij z'n eerste sigaret opstak. Leo Beenhakker had hem nog maar net vanuit de jeugd naar de selectie van Ajax gehaald. 'Ik had 'm gebietst van Piet Schrijvers. Een menthol. Piet rookte altijd mentholsigaretten.'

Hij schudt zijn hoofd.

'Gek, dat ik dat nog weet.'

Het gebeurde na afloop van de traditionele Ajax-visdag, een avond afgesloten op de al even traditionele bowlingbaan. Najaar 1979. Er mocht bij hoge uitzondering alcohol worden gedronken door de Ajacieden. 'De meeste oudere spelers werden lam en rookten de ene sigaret na de andere. Ik weet niet eens waarom, maar dat ben ik toen ook maar gaan doen. Zonder erbij na te denken eigenlijk. Ik rookte die avond het pakje van Piet Schrijvers halfleeg en werd gelijk dronken. Stom- en stomdronken.'

De volgende morgen moest de jonge Wim Kieft bij de trainer komen. Hij bloosde al op de gang van ongemak. Hij schaamde zich. Dat was niet voor het eerst in zijn leven, en ook niet voor het laatst. 'Ik weet nog hoe opgelaten ik me voelde toen ik die kamer binnenging. "Nou, vertel het maar," zei Beenhakker, "wat is er met je aan de hand, Kieft? Heb je de buurvrouw zwanger gemaakt? Is je moeder ongeneeslijk ziek? Zeg het maar, Witte." Maar er viel niets te zeggen. Er was niets aan de hand. Ik deed het gewoon. En ik vond het ook gelijk lekker, dat dronken worden. Veel te lekker.'

Tas

-Op een dag kregen alle jeugdspelers van Ajax een sporttas van de club.

'Ja. Zo'n knalrode voetbaltas. Met aan één kant in grote, witte letters: AJAX. Vond ik zó erg, die tas... Daar moest ik dan elke dag mee in de tram, naar de training. Vreselijk. Je het middelpunt van alles voelen. Of nog erger: iemand van wie anderen vermoeden dat hij zich iets verbeeldt. En dan de hele rit de angst dat ze me straks misschien nog iets gingen vragen ook. "Zo, speel jij bij Ajax jongen?" Ik begon al te blozen bij het idee.'

-De meeste jongens zorgden ervoor dat iedereen de letters AJAX altijd goed kon zien.

'Ja. Nou, ik niet. Ik hield de kant met de letters altijd juist naar me toe gekeerd.'

-Je was niet trots?

'Integendeel. Ik schaamde me er bijna voor dat ik bij Ajax speelde. Die tas werd zowat een obsessie voor me. Soms moest ie ook mee naar school, zodat ik dan gelijk door kon naar de training van Ajax. Dan voelde ik het hele schoolplein naar me kijken. Ik werd daar extreem verlegen van. Dat soort dingen plaatsten mij in een uitzonderingspositie en daar kon ik slecht mee omgaan. Of ik kreeg drie dagen vrij voor een internationaal toernooi, terwijl ik alleen maar drieën en vieren had op mijn rapport. Had je weer het idee dat die leraren een hekel aan je kregen. Ja jongen, mijn leven was al heel vroeg vol zorgen, dat hoor je zeker wel?'

STAPPENWERKBOEK NARCOTICS ANONYMOUS
Stap 4, bladzijde 47

VRAAG 37
-Welke tegenstrijdigheden in mijn karakter maken het voor mij moeilijk om vriendschappen of liefdesrelaties in stand te houden?
'Wil niet vast komen te zitten in verplichtingen. Wil vrienden zien wanneer het mij uitkomt. Ben eigenlijk in heel veel mensen niet geïnteresseerd. Vind het moeilijk om in groepen te zijn zonder alcohol. Ging eigenlijk alleen ergens heen als er werd gedronken. Voelde me anders niet op mijn gemak. Heb/had dan ook niets te vertellen, geeft/gaf me het gevoel dat ik beperkt was, kan/durfde niets echt te vertellen. Voelde me zonder drank minderwaardig.'

'In één keer: totally lost'

Met dezelfde achteloosheid waarmee hij ooit zijn eerste gebietste sigaret opstak, begon hij negentien jaar geleden ook aan zijn eerste lijntje cocaïne, alsof het geen levensgevaarlijke harddrug was, maar een mentholletje van Piet Schrijvers. 'In een of andere discotheek in Amsterdam.

Het was gezellig, een paar mensen deden het. Vrij openlijk. Het was allemaal nieuw voor mij, maar voordat ik het wist probeerde ik het ook. Uit het niets. Ik kan me niet herinneren dat ik er lang over heb nagedacht. Ook niet wat me er nu precies toe aanzette. Best vreemd eigenlijk, want ik had die rotzooi voor die tijd nog nooit gezien, laat staan aangeraakt. Nooit aan gedacht ook. Maar de eerste keer dat ik het zag, was ik er gelijk door gefascineerd. En toen ik het eenmaal had geprobeerd, was ik er ook direct gek op. Echt vanaf het begin, in één keer totally lost.'

Nu – negentien jaar, één huwelijk, twee gestrande relaties, vier kinderen, vier ton schuld, een paar mislukte kliniekopnames en ontelbare bloedneuzen verder – vecht Wim Kieft dagelijks een bittere strijd tegen zijn verslaving. Hij probeert al bijna een jaar lang de regie over zijn eigen gedachten en gedrag te herwinnen. Met vallen en opstaan maakt hij progressie. Maar makkelijk is het niet.

'Het is hard werken. En de kans op een terugval ligt elke dag op de loer. Gelukkig kan ik altijd terecht bij een meeting van de NA, de Narcotics Anonymous. Zij hanteren een 12-stappenplan. Daar geloof ik erg in. Verder doe ik aan meditatie en yoga. Ik bezoek ook een paar keer per week een psychotherapeut. En ik bel regelmatig met een medeverslaafde. Oh ja, ik slik kalmeringsmiddelen en medicijnen tegen de lichte vorm van ADHD die ik ook nog schijn te hebben. Of ADD, dat weet ik niet eens precies.'

Hij schiet er gelukkig zelf van in de lach. Ook wanneer hij over zijn donkerste momenten spreekt, schuilt er godzijdank nog veel zelfspot in Wim Kieft.

'Wacht effe,' zegt hij, 'we zijn nog niet klaar, hè? Want ik moet ook nog elke dag naar de apotheek om een slaappil te halen. Anders lig ik uren wakker. In de jaren dat ik gebruikte, kende ik nauwelijks het verschil tussen dag en nacht. Ik deed soms drie etmalen achter elkaar mijn ogen niet dicht. Dan zat ik alleen maar te snuiven en te drinken. Daardoor is mijn slaapritme helemaal verstoord. Vooral de keren dat ik in de kliniek zat, kon ik nauwelijks mijn ogen dicht krijgen 's nachts. Toen ik plotseling op vaste tijden naar bed begon te gaan, hadden mijn hersenen tijd nodig daaraan te wennen. Het duurde lang voordat het zover was, maar het was wel heel belangrijk. Een afkickende verslaafde die te weinig slaapt, is de volgende ochtend prikkelbaar en daardoor extra vatbaar voor impulsen en verleidingen. Ik heb nu pillen om goed genoeg tot rust te komen en te kunnen slapen. Daar moet ik er elke dag eentje van ophalen. Bij de apotheek willen ze me geen hele strip geven, want dan zijn ze bang dat ik ze allemaal tegelijk inneem.'

Een slok koffie.

'En waarschijnlijk is dat ook zo.'

Nog een slok koffie.

'En? Vind je het nog leuk?'

Half miljoen

-Hoeveel geld heb je in totaal opgesnoven, schat je?

'Nou… Een half miljoen of zo?'

-Zo.

'Ja, zeker een half miljoen euro. Als het niet meer is. Een gram coke kost op straat vijftig euro. Maar ik heb er ook weleens vierhonderd voor betaald. Als je eenmaal echt verslaafd bent, geef je je rechterarm voor dat spul. Dan is geen bedrag te hoog. Dus het heeft me echt bakken met geld gekost, die teringzooi.'

-Zonde, hè?

'Ja. Zonde. Maar dat is het met coke: je gaat er hoe dan ook aan, en meestal als eerste in financiële zin. Als je vijf gram per week gebruikt kost je dat al duizend euro in de maand. En ik heb tijden gehad dat ik acht gram per dag gebruikte. Dus reken maar uit. Het is heel simpel: op een gegeven moment is je poen op. Dan beginnen de problemen. Je gaat lenen, maar alles gaat op. Je betaalt niet terug. En al snel kom je er niet meer uit. Daarom gaat de schuldsanering over een paar maanden in. Moet ik drie jaar lang zien rond te komen van een tientje per dag of zo. Nou, lekker dan.'

STAPPENWERKBOEK NARCOTICS ANONYMOUS
Stap 1, bladzijde 8

VRAAG 25
-Heb ik vergeefs geprobeerd te stoppen met gebruiken? Ben ik zonder hulp gestopt en merkte ik vervolgens dat het leven zonder drugs zó pijnlijk werd, dat ik niet blijvend kon stoppen? Hoe was dat toen?
'Héél vaak, in mijn verslaving. Vond ik zo naar, de dagen erna. Moe, pessimistisch, negatief toekomstbeeld. Ging gebruiken om niet te hoeven voelen. Het was te pijnlijk om zonder drugs te doorstaan. Gebruikte dan weer, dat gaf verlichting.'

'Laat mij zien hoe ik moet leven'

De hele ochtend staat de plastic tas met dagboekaantekeningen achteloos tegen de open haard aan geleund. Wim Kieft heeft al vier keer gezegd dat we 'm straks bij het weggaan vooral niet moeten vergeten. Vergeetachtigheid is deze dagen zijn tweede natuur. 'Soms lijkt het alsof mijn hoofd vol zit. Dat er geen informatie meer bij kan, omdat het helemaal in beslag is genomen door het afkicken. Hoe vaak ik mijn mobieltje al niet in de trein heb laten liggen, jongen. Ik ben ook echt heel verstrooid soms. Gisteren nog. Ik zocht me gek naar de afstandsbediening van de televisie. Bleek ik 'm met de rest van de vaat in het afwasteiltje te hebben gegooid. Dat soort dingen gebeuren me wel vaker. Ik vind 'm ook weleens in de ijskast terug. Het lijkt soms wel alsof mijn geheugen geen nieuwe gebeurtenissen meer registreert.'

Er trekt een cynisch lachje over zijn gezicht.

'En nu maar hopen dat dat er allemaal bij hoort… hè dokter?'

Hij knikt naar de tas vol notities. 'Dat over mezelf schrijven moet. Het hoort bij het 12-stappenplan. Elke dag moet je je dagboek bijhouden. Elke dag moet je ook een lange vragenlijst aan jezelf beantwoorden. Elke dag, niet één uitgezonderd, of je het nu leuk vindt of niet. Dat is best zwaar. Het roept allerlei pijnlijke herinneringen op. Maar het moet. Net als het bezoeken van die meetings. Als ik dat allemaal niet doe, gaat het fout met mij. Dat weet ik inmiddels van mezelf. Dan lig ik morgen in de goot. Gegarandeerd. En dat wil ik niet meer. Nooit meer.'

Dan staat hij op. Hij moet zijn jongste dochter Feline

van school halen. Ze is vier. Een paar dagen in de week woont ze bij hem, één hoog in de Rivierenbuurt. Hij heeft in totaal vier kinderen van twee verschillende vrouwen. Met zijn jeugdliefde Sylvia kreeg hij Robbin (26), Mattia (24) en Mauri (19). Bij ex-vriendin Suzanne, met wie hij zeven jaar samen was, kreeg hij vier jaar geleden ook Feline. Mauri woont permanent bij hem in huis.

In de schaduw van het statige hotel wandelt Wim Kieft nu naar zijn fiets. Een auto heeft hij allang niet meer. Heeft ook geen zin. Hij zou niet eens geld hebben voor benzine. 'Als mensen mij door de stad zien fietsen, zeggen ze natuurlijk: "Kijk dan, die Wimpie Kieft. Lekker gewoon gebleven zeg, die jongen." Maar dat is gelul hoor.' Weer die spottende trek rond zijn mond.

'Ik bedoel: als ik nog geld had gehad, zat ik nu echt wel in een taxi.'

Even later kun je de Europees kampioen van 1988 op hoge snelheid richting Ceintuurbaan zien trappen, een gammel kinderzitje voorop. De Albert Heijn-tas met daarin zijn diepste zielenroerselen heeft hij achtergelaten naast de open haard van het hotel.

Je hoeft tijdens het bladeren zijn aantekeningen niet eens te lezen om in één oogopslag te kunnen zien hoe Wim Kieft er de afgelopen tijd aan toe was. Zijn handschrift weerspiegelt zijn gemoedstoestand. Op momenten dat hij boos is, gespannen of radeloos, zijn de letters dicht op elkaar geschreven, felblauw en soms zo driftig genoteerd dat het puntje van zijn pen op sommige plekken bijna door het papier schiet. Maar op andere, veel vlakkere dagen is zijn handschrift juist licht en sierlijk, zijn de letters langgerekt en raakt zijn pen amper het papier.

Boven op de stapel notitieblokken liggen losse multomapblaadjes.
Op één ervan heeft hij in paniekerig grote hoofdletters geschreven:
Mijn eigen wil is ziek!
En op een ander:
God neem mijn wil en mijn leven
Leidt mij in mijn herstel
Laat mij zien hoe ik moet leven

Debuut

-Wat weet je nog van je debuutwedstrijd voor Ajax?
'Niet veel. Dat Leo Beenhakker uit het niets tegen me zei dat ik mee moest met het eerste. Trainingskamp, voor de wedstrijd tegen Sparta. "Witte, je gaat je tas halen, je gaat mee en je gaat spelen ook. Dan weet je dat alvast," zei hij, op dat mooie toontje van hem. "Dus ga nu maar even heel erg schrikken, want dat moet morgen afgelopen zijn." Maar ik was de volgende dag nog steeds heel erg nerveus. Ik voelde me niet op mijn plek.'
-Scoorde je, zoals ongeveer alle debuterende Ajacieden?
'Nee. Maar dat kwam omdat ik heel erg mijn best deed om de bal niet te krijgen. En dat lukte aardig. Het enige wat me bijstaat van die wedstrijd is dat ik telkens bij mezelf dacht: ja maar, wacht nou effe jongens, dit kán toch helemaal niet? Wim Kieft uit de Celebesstraat in de spits van Ajax, dat is een misverstand. Natúúrlijk hoor ik niet in het eerste. Dit is allemaal één grote vergissing.'
-Maar?
'Het ging goed. Het seizoen daarop was ik basisspeler.'

-In je eerste volledige wedstrijd, tegen Go Ahead Eagles, scoorde je twee keer.

'Klopt.'

-Je debuteerde het seizoen daarop al in Oranje.

'Ja, samen met Gullit en Rijkaard.'

-En even later was je topscorer van Europa.

'Ja.'

-De jongste uit de geschiedenis.

'Inderdaad.'

-Met na 32 wedstrijden een gemiddelde van één op één.

'Tot mijn eigen verbazing, ja.'

-Denk je er nog weleens aan terug?

'Nee.'

-Echt niet?

'Nee. Nooit.'

STAPPENWERKBOEK NARCOTICS ANONYMOUS
Stap 1, bladzijde 8

VRAAG 26
-Hoe heeft mijn verslaving ertoe geleid dat ik mijzelf en anderen heb gekwetst?
'Heb mezelf zo tekortgedaan. Voelde me loser. Zag er slecht uit. Maakte schulden. Zo veel schaamte. Iedereen wist het. Heb mijn moeder en mijn kinderen ontzettend veel verdriet gedaan. Werd er naar mens van. Kon er niet goed voor ze zijn. Kon ook geen financiële steun zijn.'

'Ik moet een beetje oppassen'

Dinsdagochtend in Amsterdam. Wim Kieft leunt achterover. Hij is moe. Bijna anderhalf uur lang heeft hij het openhartig gehad over zijn verslaving en op welke wijze hij er nu tegen strijdt. Hij heeft zichzelf niet gespaard.

Tot in detail beschreef hij zijn vechtpartij op de Rooseveltlaan en hoe hij eens twee dagen lang op een stoel in zijn eigen chaotische woonkamer had gezeten, bewegingsloos bijna, totaal verdoofd en starend in het niets. Hij vertelde over zijn huilbuien en over de momenten dat hij uit het niets begon te bidden voor verlichting, terwijl hij eigenlijk niet eens gelooft. En zelfs over die ochtend dat zijn vaste cokedealer met een pistool voor zijn deur stond en geld wilde zien dat er helemaal niet was.

Zijn hoofd zit vol met dat soort herinneringen. Op elke straathoek in Amsterdam heeft hij een bijpassend verhaal. Hij hoeft maar een paar minuten door deze stad te wandelen, of de eerste flashbacks dienen zich al ongevraagd aan. 'Overal heb ik herinneringen aan mijn gebruikerstijd. Ik heb het bijvoorbeeld hier ook weleens gedaan', zegt hij in de lobby van het College Hotel. 'Ik zal ermee moeten leren omgaan. Weggaan uit Amsterdam is geen optie voor mij. Dit is mijn stad. Ik hoor hier thuis, ondanks alles wat er fout is gegaan.' Toch komt hij liever niet meer in zijn oude buurt. 'Nee. Daar liggen te veel pijnlijke herinneringen. Dat ga ik niet opzoeken. Daar heb ik geen trek in.'

Meer dan elf maanden is hij nu clean, heeft hij uitgerekend. Langzaam maar zeker trekt de mist in zijn hoofd op. Het is een ingrijpend proces, soms mooi en hoopvol, maar tot nu toe vooral pijnlijk. 'Als ik terugdenk aan mijn jaren als gebruiker, kan ik de laatste tijd heel verdrietig worden.

Vooral over de leegheid van mijn leven toen. En wat me dan nog het meest verbaast, is dat ik het zelf al die jaren niet heb ingezien. Onbegrijpelijk dat ik zelf niet doorhad hoe absurd ik bezig was. Maar dat is nu precies het verraderlijke van die verslaving, van die kutziekte die ik heb opgelopen. Dat je dat hele kortzichtige, opportunistische, egocentrische gedrag van jezelf niet eens ziet, zolang je nog aan die rotzooi zit.'

Nu zijn lichaam en geest langzaam aan het ontgiften zijn, beginnen de beelden van toen steeds vaker zijn gedachten binnen te waaien. Het gebeurt soms op de meest onverwachte momenten. Op dagen dat hij er gevoelig voor is, hoeft er maar een tram te passeren of hij denkt terug aan de doelloze middagen waarin hij zich uit verveling urenlang door Amsterdam liet rijden. Lange, lamlendige ochtenden zonder doel of voorgenomen eindbestemming waren het. 'Je zat gewoon in die tram naar buiten te staren. Net zo lang tot de schemer inviel, want dat vind ik mijn hele leven al een onheilspellend moment van de dag. Dan ging je snel naar huis, je weer verstoppen en isoleren in je donkere hol. Dat was je leven op het einde. Meer niet. Triest.'

Wim Kieft is niet het prototype voetballer dat over zichzelf in de derde persoon enkelvoud praat. Behalve wanneer hij scènes beschrijft uit de jaren dat hij nog een grootgebruiker was. Dan is het alsof hij het over iemand anders heeft. Steeds vaker voelt het ook zo. 'Ik heb bijna twintig jaar coke gebruikt, maar de laatste vijf jaar waren echt heel slecht. Kijk, in het begin ga je het doen omdat je het lekker vindt. Dan geniet je er alleen maar van. Maar dat is heel snel over. Daarna krijgen de problemen de overhand. Geldproblemen, mentale problemen, gezondheidsproblemen, relationele problemen, noem maar op. Je hele leven dondert in elkaar, jongen. En op het einde heeft het allemaal niets meer met genot te maken. Dan ben je jezelf alleen nog maar aan het verdoven. De neerslachtigheid die je voelt als je even nuchter bent is dan inmiddels zó groot geworden… Die wil je ten koste van alles ontlopen. En dat doe je door opnieuw te gebruiken. Snap je? Zo heb je jezelf gevangen in een vicieuze cirkel.'

De echte euforie bij het gebruik van cocaïne duurt maar een halfuur. 'Daarna verandert het gevoel, krijgt het een ander karakter. Je wordt paranoïde. In een poging daaraan te ontkomen, ga je nog meer snuiven. Maar hoe meer je gebruikt, hoe erger het juist wordt. Jongen, ik heb de gekste dingen gedaan. Ik heb 's nachts urenlang op mijn eigen trap gezeten, met een groot keukenmes in mijn handen, omdat ik constant mensen in mijn huis dacht te horen. Je krijgt waanideeën, dat is onvermijdelijk. En wat het ook is met dat spul: je hoort alles een tijdje vijf keer zo hard als normaal. Dan komen alle prikkels in veelvoud bij je naar binnen. Om gek van te worden.'

'Al snel doe je niks meer, je pakt niets meer aan. Je slaapt niet, dus je bent altijd moe. Je bent altijd bezig je slaap in te halen, maar het lukt nooit. Op een gegeven moment ben je volledig afhankelijk van dat spul. Want de terugslag is verschrikkelijk. Dan ben je zó down. Dan voel je je zó slecht. Dan kom je in zo'n negatieve spiraal terecht, dat elke keer dat je je klote voelt, je naar de coke grijpt. En dan wordt het pas echt triest. Dan heeft het allang niets meer te maken met feesten en partijen en zo. Dan is het puur: dat rotgevoel wegkrijgen.'

Een grotere slok koffie.

'Hé, ik heb het opeens wel een beetje gehad. Ik wil

liever stoppen, oké? Ik moet ook een beetje oppassen. Door het er zo over te hebben, roep ik veel op. Dat merk ik nu. Fuck hé. Het is een kutziekte, jongen. Echt waar. Een verschrikkelijke kutziekte.'

Cruijff

'Weet je wat gek is?'

-Nou?

'Ik kan niet op een aangename manier naar grote sportmomenten kijken.'

-Hoe bedoel je?

'Moeilijk uit te leggen. Ik vind het altijd verschrikkelijk om te zien wanneer een echt grote kampioen wordt onttroond.'

-Waarom?

'Dat je meemaakt dat de onaantastbaarheid eraf is, dat het verval zich aandient. Vreselijk vind ik dat. Mohammed Ali die verliest van Joe Frazier. Heb ik 's nachts met mijn vader naar zitten kijken. Afschuwelijk vond ik het. En dat heb ik dus nog steeds.'

-Op welke momenten?

'Ik had het met Jan Ullrich en Lance Armstrong, en met Björn Borg en John McEnroe en ik heb het nu met Roger Federer en Rafael Nadal. Ik wil Federer niet zien verliezen. Dat had ik ook toen Johan Cruijff als speler terugkeerde bij Ajax en ikzelf in het elftal stond. Ik was ballenjongen geweest bij zijn afscheidswedstrijd in het Olympisch Stadion. Die 8-0 tegen Bayern München, met Breitner en Rummenigge en zo. Een vernedering. Heel erg verschrikkelijk. En toen ie als speler terugkeerde in Ajax, dacht ik: het zal toch niet wéér zo'n afgang worden? Dat hoef ik toch hopelijk niet voor een tweede keer mee te maken? Maar gelukkig werd het dat niet.'

-Had je hem voor zijn afscheidswedstrijd al eens met eigen ogen zien voetballen?

'Ja, één keer. Toen ik als jongetje bij Ajax kwam te spelen, kreeg ik elk jaar een seizoenskaart van de club. Vak F, Diemenzijde. Staanplaatsen, want je mocht natuurlijk geen kapsones krijgen. Ik ging altijd. Ik denk dat ik tussen 1973 en 1980 geen thuiswedstrijd van Ajax heb gemist. Mijn eerste wedstrijd was Ajax-FC Amsterdam. Het was de laatste thuiswedstrijd in De Meer van Johan

Cruijff. Hij vertrok naar Barcelona. Het werd 6-1. Cruijff scoorde. Gek, maar uit die tijd dat ik naar Ajax keek, weet ik nog veel meer dan van toen ik er zelf in speelde. Het was lange tijd de laatste goede wedstrijd die ik van Ajax zag. Met het vertrek van Cruijff werd een tijdperk afgesloten. Daarna kwam Dick Helling in het eerste te spelen. Toen was het een andere club geworden. Het echte gouden Ajax ken ik alleen van de televisie.'

-Later werden Cruijff en jij teamgenoten.

'Eerst kwam hij alleen af en toe meetrainen. Dat vond ik al heel bijzonder. Ik had als kind geen echte idolen, maar Cruijff, daar kon je als Amsterdams jochie niet omheen. Later kreeg hij een technische functie en begon hij zich na de training overal mee te bemoeien.'

- Je stond in het veld toen hij van de tribune kwam en in de dug-out naast een stomverbaasde Beenhakker ging zitten.

'Ja. Pijnlijk. Ik wist niet wat ik zag.'

-Beenhakker zei later dat hij Cruijff 'een klap voor z'n kanis' had moeten geven.

'Ik weet nog dat ik het zag gebeuren en ik dacht: nee hè? Ik ben altijd gek geweest met Leo Beenhakker. Vind ik tot op de dag van vandaag een bijzondere man. Daarom was het wel confronterend om te moeten meemaken. Maar ik ben ervan overtuigd dat Cruijff niets kwaads in de zin had.'

-Denk je dat echt?

'Ja. Ik vind Cruijff vooral een heel aardige man. Opvallend gewoon. Hij had nooit het aureool van iemand die te groot is om te benaderen. Ook als teamgenoot niet. De oudere spelers hadden een beetje een hekel aan hem. Tscheu La Ling, Søren Lerby, dat soort jongens. Ling had geen zin om extra meters te maken. Voor niemand, en dus ook niet voor Cruijff. En Lerby was aanvoerder. Hij merkte dat er van het ene op het andere moment alleen nog naar Cruijff werd geluisterd. Maar wij, de jonkies, zoals Frank Rijkaard, Gerald Vanenburg, Jantje Weggelaar, wij vonden alles wat Cruijff deed prachtig. Het stoorde me altijd wanneer er in de kleedkamer negatief over hem werd gesproken. Niet dat ik echt contact met hem had. Daarvoor voelde ik te veel afstand. Met de meeste spelers trouwens, maar met hem helemaal. Maar hij mopperde nooit op me en dat was al heel wat. Hij heeft me alleen zijn schoonvader door de strot geduwd. Dat wel.'

-Hoe dan?

'Ik speelde nog voor een jeugdcontract bij Ajax terwijl ik al regelmatig scoorde in het eerste. 'Heb jij geen manager?', vroeg Johan. Zo kwam ik bij Cor Coster terecht. Ome Cor. Mooie man wel. Flamboyant, brutaal. Precies het tegenovergestelde van mij. Ik trok een tijdje graag met hem op, want in de nabijheid van Ome Cor maakte je altijd wel iets mee. Later heeft hij me met zijn fiscale adviezen nog veel geld gekost, maar dat is weer een ander verhaal.'

-Hoe denk je dat Cruijff over jou dacht?

'Ik denk dat hij dacht: die jongen heeft beperkte kwaliteiten, die doet ontzettend zijn best, heeft geen grote mond en loopt niet naast zijn schoenen. Hij had dus van mij geen last. En hij kon beter met mij dan met Ling spelen. Ik liep me graag de pleuris voor hem. Ling niet. Bovendien scoorde ik. Dus met Wim Kieft was hij niet zo erg bezig.'

-Ben je hem later nog veel tegen gekomen?

'Soms. Johan belde een keer toen ik in Pisa speelde. Is ie komen kijken naar Pisa-Bologna, een wedstrijdje in de Serie B. Na afloop zijn we ergens gaan eten met zijn vrouw en Jordi, die toen nog klein was. Was heel gezellig. Maar er bleef altijd wel afstand. We werden nooit vriendjes. Dat kan ik ook niet. Daar is Johan gewoon net iets te groot voor. Is ook niet erg. Hij heeft me als medespeler al zo veel plezier gegeven. Ik kan me herinneren dat we in het veld soms echt in de lach schoten, zo goed was ie nog. Dan waren er van die middagen in De Meer dat hij overmoedig werd en alles met zijn buitenkant ging doen. En dan riepen Rijkaard en Vanenburg en ik naar elkaar: kijk dan, zag je wat ie nou weer flikte? Dan stonden we echt te lachen in het veld. Gewoon, van verbazing dat iemand zo goed kon voetballen. Van bewondering ook. Ik vind het heel mooi dat ik met hem heb mogen samenspelen, meen ik echt.'

STAPPENWERKBOEK NARCOTICS ANONYMOUS
Stap 1, bladzijde 9

VRAAG 36
-Vat ik elke kritiek op als een persoonlijke aanval? Wat voor invloed heeft dit op mijn leven (gehad)?
'Ja, ik heb vreselijk behoefte aan goedkeuring, erkenning dat ik leuk ben, getapt ben, humor heb. Zo niet neem ik afstand. Ben afhankelijk van anderen hoe ik me voel.'

1981

Als Wim Kieft de tijd zou kunnen terugdraaien, was het weer 1981. Hij is dan negentien jaar en heeft nog een gezicht zo onschuldig als een bidprentje. Elke ochtend loopt hij met zijn rode tas door de Van Swindenstraat richting Tropenmuseum, waar hij op lijn 9 stapt, richting De Meer, om daar te gaan trainen bij Ajax. Soms zit zijn vriendje Frank Rijkaard in dezelfde tram. Op zomerse dagen, als het warm is in Amsterdam, gaan ze ook weleens op de fiets.

Het leven is dan nog van een jaloersmakende overzichtelijkheid. Hij deelt nog gewoon een kamertje met

zijn zus in het ouderlijk huis in Amsterdam-Oost. In plaats van Cor Coster gaat zijn moeder mee naar onderhandelingen met Ajax-voorzitter Ton Harmsen. En als hij op zondagmiddag weer een paar doelpunten aan zijn indrukwekkende gemiddelde heeft toegevoegd, wacht hij geduldig tot buiten de ergste drukte voorbij is en neemt de eerstvolgende tram naar huis.
Daar ruikt het dan al naar spaghetti, elke zondagavond weer.

Er rust nog weinig druk op de schouders van Wim Kieft. Op voetbalgebied wordt er in eerste instantie nauwelijks iets van hem verwacht. Dat geldt voor de meeste jonge spelers in Amsterdam. Ajax is de club van eerst zien, dan geloven. Na de snelle afbrokkeling van het gouden team uit de jaren zeventig, is het verworden tot een vrij harde en cynische organisatie. Trainer Tomislav Ivić heeft met zijn betonvoetbal veel toeschouwers De Meer uit gejaagd. Een groot deel is nooit meer teruggekomen. Voor jonge talenten is het er maar moeilijk doorbreken.

'Ajax is altijd een negatieve club geweest, vind ik. Hard, koud. Toen ik bij het eerste kwam, heerste er nog heel erg een cultuur van klein houden. Niemand is groter dan de club, dat gelul. Ajax, dat was Bobby Haarms. Zo'n man die de hele ochtend tegen je stond te schreeuwen, die je het liefst je plaats liet voelen door je net zo lang af te beulen tot je ging kotsen langs het veld. In de kleedkamer heerste nog de humor van Wim Suurbier. De hele dag afzeiken. Vreselijk. Toen ik er kwam, speelden mannen als Ruud Krol en Søren Lerby in het eerste. Lerby is later een vriend van me geworden bij PSV, maar in het begin waren dat heel nare gasten voor jonge spelers. Ze scholden je bij elk foutje op de training helemaal stijf. Sommigen konden daar niet tegen. Tonnie Blanker bijvoorbeeld, een groot talent, werd er helemaal gek van. Rijkaard had er in het begin ook heel veel moeite mee. Ikzelf werd er vooral heel moe van. Het werkte niet bij mij, dat geschreeuw. Het hoefde ook niet, want ik trainde altijd heel serieus en zonder mopperen. En op de een of andere manier vlogen die ballen er toch wel in. Dat was heel gek, maar in sommige wedstrijden leek het echt wel vanzelf te gaan, dat scoren.'

Dan staat hij opeens op.

'Ga je mee naar buiten? Effe frisse lucht.'

Hotel

'Ik heb vroeger in alle hotels van Amsterdam geslapen.'

-Hoe bedoel je?

'Zoals ik het zeg. Ik heb ze allemaal gehad. Van het kleinste hotelletje in de binnenstad tot het Krasnapolsky aan toe. Allemaal.'

-Hoe kwam dat?

'Ik weet het niet precies. Ik kon er een tijdje niet tegen om in mijn eigen huis te slapen. Het was kort na mijn scheiding. Ik had een huis gehuurd in Amsterdam, maar als ik 's avonds laat thuiskwam, zag ik ertegenop om de hele nacht alleen te zijn. Een soort angst. Als ik dan de sleutel in het slot deed, dacht ik altijd: gatver, nee. En dan checkte ik ergens in.'

-Waarom was een hotel prettiger dan je eigen huis?

'Het gevoel in een hotel dat je anoniem bent, maar toch niet alleen. Dat er mensen om je heen zijn, maar op afstand. Ik sliep dan wel alleen, en dat vond ik ook prettig, maar ik wist in elk geval dat er naast, onder en boven mij ook mensen sliepen. Om de een of andere reden gaf me dat een geruststellend gevoel. Hoewel ik ook wel weer een stoel tegen de deur zette, omdat ik bang was dat er iemand binnen zou komen. Maar dat deed ik thuis ook.'

-Merkwaardig allemaal.

'Ja. Best wel, hè? Dat van die hotels heb ik heel lang gedaan. Vooral toen ik heel veel gebruikte. Toen had het ook nog een andere, praktische reden. Als dan thuis de drank op was, kon ik in elk geval daar nog de hele minibar leegdrinken. Heeft me ook allemaal een pak geld gekost, jongen, die hobby...'

-Dat zal best.

'Weet je waar ik ook een keer heb geslapen? De John Lennon-Yoko Ono Suite van het Hilton. 'We hebben alleen die kamer nog,' zeiden ze bij de receptie. Heb ik 'm maar genomen. Toen ik de volgende dag met een enorm kutgevoel wakker werd en de gordijnen opendeed, bleek ik precies uit te kijken op de buurt waar ik met mijn vrouw en kinderen woonde. Dat was ook wel een confronterend moment. Toen had ik nog geld. Het kostte me geloof ik duizend euro, die nacht. De teringlijers.'

-Wel lekker geslapen?

'Geen idee, ik herinner me er niets meer van.'

STAPPENWERKBOEK NARCOTICS ANONYMOUS
Stap 5, bladzijde 53

VRAAG 6
-Hoe beïnvloedt het egocentrische deel van mijn ziekte mijn leven en het leven van de mensen in mijn omgeving?
'Ik kan dan niet meer genieten. Ook niet in het nu zijn. Angstig. Ander voelt zich beperkt, niet op gemak.'

'Ik voelde me vrij bij Wim Jansen en Johan Cruijff'

Het is niet altijd makkelijk om met Wim Kieft over zijn voetballoopbaan te praten. Vraag hem bijvoorbeeld naar zijn kwaliteiten als spits en je krijgt eerst een hoop gezucht en gesteun te horen. Hij spreekt niet graag over zijn eigen sterke punten. De neiging is groot alles tot niveau nul te relativeren. 'Het was eigenlijk heel makkelijk om bij Ajax in de spits te spelen,' zegt hij dan. 'Het enige wat je hoefde te doen was die voorzet afwachten, naar de eerste paal gaan en dan die bal erin koppen. Dat leerde je al in de jeugd.' Of: 'Iedere spits met vleugelspelers als

Jesper Olsen en Tscheu La Ling had er wel een paar balletjes in gelegd hoor.'

Maar de waarheid is dat Kieft van nature iets had dat veel spitsen hun hele leven lang tevergeefs proberen aan te leren: torinstinct. In zijn beste fases leek hij een radar te hebben voor het strafschopgebied, het vermogen te zien op welke plek de bal uiteindelijk terecht zou komen, ook al leek die plek vooraf nog zo onwaarschijnlijk. Zijn doelpunten waren oppervlakkig beschouwd vaak niet meer dan intikkertjes, maar de kunst zat 'm vooral in het feit dat Kieft er altijd al stond wanneer de bal moest worden ingetikt. Snel was ie niet, sterk wel. Eenmaal in balbezit viel hij nauwelijks aan het wankelen te brengen. Het beschermen van de bal om die vervolgens panklaar te leggen voor een opkomende middenvelder, zou gaandeweg zijn loopbaan een handelsmerk worden, naast zijn koptechniek. Wim Kieft had een voorhoofd van schokbeton. Bij kopduels leek hij in staat een tijdje in de lucht te blijven hangen.

Als spits was Wim Kieft een unicum. Hij had een hekel aan juichen. Vaak wist hij zich na het scoren geen raad met zichzelf. Waar sommige collega's na het simpelste inkoppertje al schuimbekkend in de hekken hingen, werd hij eerder verlegen van een doelpunt. Op zulke momenten leek er geen einde te komen aan de tocht van strafschopgebied naar middenstip. Soms stak hij onderweg een of twee armen op. Negen van de tien keer gebeurde dat met het hoofd naar beneden gericht, de blonde haren ter bescherming voor zijn gezicht hangend. Toen *Ajax-tv* wat jaren terug een top tien samenstelde van zijn mooiste goals, kwam op nummer 1 de treffer tegen De Graafschap te staan. Het is dan 30 augustus 1981. Een heel andere tijd dan nu. In De Meer staat nog gewoon elke baksteen op de andere en op het shirt van de spelers zit nog steeds het prachtige klassieke Ajax-logo genaaid, wanneer Søren Lerby halverwege het middenveld een gevoelige boogbal verstuurt. Die landt precies op de plek waar Willem Kieft zich bevindt, de negentienjarige spits die het hele seizoen al blijk heeft gegeven van een uitzonderlijk talent om telkens op de goede plek te gaan staan. Hij staat bekend als goalgetter en kopspecialist, bepaald niet als technicus. In het Ajax van de jaren tachtig zijn de echte artiesten Jesper Olsen en Gerald Vanenburg en natuurlijk Johan Cruijff. Kieft is hun niet al te sierlijke doelpuntenmachine voorin. Maar nu doet ook hij iets prachtigs. De lange spits controleert de bal op de borst, kapt 'm met rechts voor zijn tegenstander weg en schiet dan in één vloeiende beweging, vallend, met links raak. Ajax staat met 2-0 voor, na twintig minuten. Het is een prachtig doelpunt, maar als hij opstaat, trekt Wim Kieft het gezicht van iemand die op weg is naar de 4 meiherdenking. Niets in zijn lichaam straalt dan blijdschap uit. Ook als Dick Schoenaker hem met twee handen bij z'n wangen pakt en hem probeert te feliciteren, heeft hij nog steeds de tred van een doodgraver. Het is alsof hij naar de guillotine loopt, in plaats van naar de middenstip voor de aftrap.

Zo bouwde hij bij Ajax in *no time* aan een naam als goaltjesdief. Ook omdat er onder leiding van de teruggekeerde Johan Cruijff in De Meer een plotselinge opleving tot stand was gekomen. 'In mijn eerste maanden als basisspeler speelden we met Ajax altijd voor zes-, zevenduizend mensen. Tot Johan terugkeerde. Toen veranderde alles. In zijn eerste wedstrijd, tegen Haarlem, zat er opeens 25.000 man. Stijf uitverkocht. Er kwam ook opeens een vracht aan talent door. Gerald Vanenburg, Frank Rijkaard, ik. De hele sfeer in de club veranderde door de komst van Johan. Overal waar we kwamen, was het opeens uitverkocht. Het publiek in De Meer werd ook steeds positiever. En Cruijff speelde af en toe echt geniaal. Ik weet dat geniaal een overschat woord is in het voetbal. Maar wat hij deed was af en toe echt geniaal.'

'Het is achteraf gezien mijn gelukkigste tijd als voetballer geweest. Omdat je alles nog zo onbevangen benaderde. En omdat er opeens zo veel positieve energie door de club ging. We speelden hartstikke leuk voetbal, ik scoorde veel... En dan hadden we naast Cruijff ook nog Wim Jansen. Dat was ook zo'n onvoorstelbaar goeie voetballer, jongen, die Wim Jansen. Niet normaal. En zo ontzettend bescheiden. Zo wars van alles wat ook maar een beetje leek op sterallures. Het Ajax van die tijd was voor een jonge voetballer de ideale leerschool. Toen die twee kwamen, was het ook in één keer afgelopen met dat domme geschreeuw op de training. Die mannen waren zo veel beter dan de rest, maar toch ook zo nederig, die maakten zonder schreeuwen al genoeg indruk. Dat was nu precies wat ik nodig had. Zij gaven je vertrouwen en spraken reëel over voetbal. Ze konden dienstbaar zijn. Ik voelde me vrij bij Wim Jansen en Johan Cruijff, omdat zij niet alles als een bedreiging zagen. Dat kon ook niet. Daar waren ze veel te groot voor. Het was heerlijk om in hun schaduw te voetballen. Ik heb me binnen de lijnen nooit meer zo lekker gevoeld als in het Ajax van toen.'

Later veranderde dat allemaal. Toen werd het voetbal steeds meer een opgave, met een loodzware geestelijke druk. 'Ik was een speler zonder zelfvertrouwen. Daar kan niemand je mee helpen. Anderen kunnen wel tegen je zeggen dat je het goed doet, maar als je dat zelf niet gelooft, heb je daar vrij weinig aan. Ik heb altijd een mechanisme in mezelf gehad dat ervoor zorgde dat ik aan mezelf twijfel. Altijd. Had ik er op zondag drie gemaakt voor Ajax of PSV maar scoorde ik in de daaropvolgende Europa Cup-wedstrijd wat minder, dan zei ik tegen mezelf: "Zie je wel, nu blijkt gewoon dat je niet goed genoeg bent voor dit niveau." Bij het Nederlands elftal had ik dat ook. Had ik er in de competitie al bijna dertig gemaakt, dan nóg arriveerde ik in Zeist met het idee: "Maar ja, dit is een veel hoger niveau, nu zul je zien dat het hier niet lukt." Ik kon mezelf in de put praten.'

'Mijn zelfvertrouwen bij Oranje nam pas iets toe, toen ik me realiseerde dat ik niet meer hoefde te vechten. Dat het zinloos was, dat Van Basten toch altijd speelde. Die jongen was ook zo extreem goed... Op een gegeven moment had ik dat geaccepteerd. Vanaf dat moment was de druk grotendeels weg. Dat was heerlijk. Maar verder... Ik kon mezelf helemaal gek maken. Ik heb daardoor ook altijd het idee dat er vijftig procent meer in had gezeten voor mij. Niet dat ik ooit een tweede Van Basten zou zijn geworden. Natuurlijk niet. Maar dan had ik wel iemand kunnen zijn die elk seizoen dertig doelpunten maakte. Iets wat me nu, door mijn twijfels en mijn verkramptheid, alleen sporadisch lukte. Het klinkt opschepperig, maar wat Kees Kist en Ruud Geels in mijn tijd deden – elk jaar vijfentwintig goals maken – dat zou ik ook hebben gekund. Niet voor Manchester United of Real Madrid, maar wel in de Nederlandse competitie. Maar omdat ik nooit in dat euforische zelfvertrouwen terechtkwam dat je als topscorer toch een beetje moet hebben, is dat nooit gelukt.'

'Aan de andere kant is mijn twijfel natuurlijk ook altijd

een enorme drive geweest. Vroeg of laat voelde ik me zo minderwaardig als voetballer, dat ik uiteindelijk een enorme verbetenheid over me kreeg. Dan wilde ik bewijzen dat ik wél iets voorstelde. De dieptepunten duurden bij mij alleen te lang, maar aan de andere kant getuigde het natuurlijk ook wel van kracht dat ik er elke keer uit kwam. Ik heb op die manier ook best veel gewonnen. Alleen kostte het geestelijk waanzinnig veel energie. Ik dwong mezelf constant op de toppen van mijn tenen te lopen. Maar alles wat ik daarmee bereikte, stond al snel in de schaduw van wat erop volgde. Dat was zelfs in 1988 zo. Ik scoorde met die kopbal tegen Ierland. Daarna heb ik met een paar jongens gi-gan-tisch feestgevierd. Niet normaal, wat een feest. Maar de volgende morgen werd ik alweer somber wakker. Ik dacht gelijk: leuk hoor, dat kopballetje, maar tegen West-Duitsland speel ik natuurlijk weer niet... '

Even later, tijdens een rookpauze in de tuin van het hotel. Wim Kieft trekt aan zijn Camel-filter. Aan de andere kant van de muur komt een ambulance voorbij. Geduldig wacht hij tot het gehuil van de sirenes is vervlogen.

Dan: 'Weet je wat eigenlijk het probleem is? Nooit in het moment kunnen blijven. Daar ben ik nu heel erg mee bezig. Door meditatie en de dagelijkse meetings ben ik erop gaan letten. Toen kwam ik erachter dat ik eigenlijk zelden in het moment zelf leef. Dat klinkt heel zweverig, maar het is wel zo. Dan ga ik iets leuks doen met mijn dochter van vier, maar dan weet ik ook dat ik over een uur naar mijn werk moet en dan heb ik nooit de rust om in dat moment te blijven hangen en daar volop van te genieten. En als mijn dochter dan weer weg is, denk ik: godverdomme, wat is dat nou? En dan val je in een soort leegheid of zo. Daar hebben wel meer verslaafden last van.'

'Onderdeel van de dagelijkse therapie die ik volg, is dat je een *fellow* hebt. Dat is meestal een andere verslaafde die al iets verder is in zijn herstel, iemand die jij vertrouwt en die je kunt bellen wanneer je wilt praten. We hadden het er laatst over. Toen zei hij: een verslaafde schaamt zich voor zijn verleden en is bang voor de toekomst, maar heeft ook moeite in het heden te leven. En zo is het precies.'

Plakboek

-Vroeger hielden voetballers een plakboek bij. Jij ook?

'Nee. Bij Ajax was wel een vrouw die dat deed voor de spelers, een supporter. Op een dag gaf ze me er een stuk of vijftien... '

-Zijn die bewaard gebleven?

'Nee... Weet ik niet. Ja. Ik denk het wel. Maar die kan ik niet eens inzien.'

-Echt wel.

'Echt niet. Daar kan ik niet tegen. Al die onzin die ik heb gezegd in interviews, jongen! Uit pure onzekerheid. Ik haatte interviews ook. Niet dat ik ooit iets zei, trouwens. Maar dat over jezelf moeten praten, dat vind ik eigenlijk het ergste wat er is.'

-Heb je veel voetbalfoto's van jezelf?

'Nee. Ik kijk niet graag naar mezelf.'

-In het begin van je carrière toch wel?

'Natuurlijk. Ik herinner me de eerste keer dat ik in de krant stond. Ik had mijn debuut gemaakt voor Ajax, in De Meer tegen Sparta. Ik geloof dat ik die maandag al om zeven uur 's ochtends bij de groenteboer stond om

De Telegraaf uit het schap te trekken.'

-En, stond er een foto van je in?

'Ja. Zag je mij op m'n knieën zitten, na het missen van een kans. En wie denk je dat er op mijn rug zat?'

-Nou?'

'Louis van Gaal.'

-Lekker dan.

'Dat bedoel ik. Nee, de leukste foto uit mijn Ajax-tijd stond een paar jaar geleden plotseling in *Het Parool.* Zag je mij als ballenjongen in het Olympisch Stadion. Ik schat dat ik een jaar of twaalf, dertien was. De spelers van Ajax komen van het veld en ik loop heel blij naast Simon Tahamata. Dan zie je een heel onbevangen Wim Kieft. Heel puur. Dat ontroerde me bijna.'

-Waarom?

'Ik was vergeten dat ik zo ook ben geweest.'

-Hoe komt dat?

'Weet ik niet precies. Het is gek. Ik ben best beschermd opgevoed, veilig, met heel veel liefde om me heen. Echt ontzettend lieve ouders. Toch ontstaat er in mijn hoofd automatisch een heel somber beeld wanneer ik aan mijn jeugd terugdenk. Vooral aan mijn pubertijd. Het is dan ook altijd van dat grijze weer, weet je wel? Echt zo'n bewolkte zondag of zo. Meestal verveel ik me te pletter. Dat is het beeld dat me als eerste te binnen schiet als ik terugdenk aan mijn jeugd. En altijd in zwart-wit, nooit in kleur. Het is heel vreemd. Ik heb vaak het gevoel dat ik tussen mijn twaalfde en mijn zestiende jaar nooit écht gelukkig ben geweest. Maar toen ik die foto met Simon Tahamata onder ogen kreeg, zag ik toch ook iets anders. Een soort onbevangenheid. Vond ik wel mooi. Ik had dus kennelijk toch wel dat enthousiasme. Misschien is het ook allemaal niet zo somber geweest als ik nu denk. Ik ging bijvoorbeeld altijd met ontzettend veel plezier trainen. Voetbal voelde in die beginjaren ook nooit als een opgave. Integendeel. Het was echt een passie voor me. En dat is het eigenlijk nog steeds. Het kan dus niet anders of ik heb er tijdens mijn actieve carrière ook verschrikkelijk veel plezier aan beleefd. Alleen moet ik er tegenwoordig heel erg mijn best voor doen om me dat te kunnen herinneren.'

STAPPENWERKBOEK NARCOTICS ANONYMOUS
Stap 1, bladzijde 8

VRAAG 21/22
-Ik heb dingen gedaan tijdens mijn actieve verslaving, die ik nooit zou doen wanneer ik mij gericht zou hebben op herstel. Wat waren die dingen? Wat deed ik om mijn verslaving in stand te houden, ondanks dat die volledig indruisen tegen mijn waarden en overtuigingen?
'Geld vragen aan anderen. Niels gebeld problemen met sleutel/slot. Hij kwam geld brengen. Was voor coke. Geld geleend van mijn moeder en zeggen dat het voor boodschappen was. Was voor drugs. Weglopen bruiloft Kopenhagen, onder mom ruzie met collega. Was om te kunnen drinken. Ik had al gebruikt. Zeggen dat mijn vader ziek is maar kon niet werken door coke. Manipuleer of maak ruzie zodat ik kan vluchten en gebruiken.'

'Vind jij dat ik heel goed bezig ben?'

Het is ochtend in Amsterdam. Wim Kieft haalt zijn fiets van het slot. Het kinderzitje dat voorop zit is aan vervanging toe, maar geld voor een nieuw exemplaar heeft hij niet. 'Als jij mij zo ziet,' zegt hij cynisch, 'vind jij dan dat ik heel goed bezig ben?'

Hij wacht het antwoord maar niet af. In plaats daarvan springt hij op het zadel, spuugt op de grond zoals hij vroeger in het strafschopgebied ook altijd deed, steekt zijn hand op en trapt dan, tegen het verkeer in, de Amsterdamse binnenstad in.

'Geld is gelukkig nooit zo belangrijk voor mij geweest,' had hij die ochtend gezegd, om die opmerking later weer te relativeren. 'Het is natuurlijk ook lang makkelijk lullen geweest voor mij. Ik verdiende al sinds mijn achttiende jaar veel meer dan mijn leeftijdgenoten die geen voetballer waren. Ik had voordat ik volwassen was altijd al meer dan genoeg. De beschikbaarheid van geld was dankzij het voetbal al heel vroeg in mijn leven iets gewoons geworden voor mij.'

'Toen ik nog speelde, gaf ik niet veel uit. Ik was altijd met dat voetbal bezig. Ging een paar keer per jaar op vakantie, dat wel. Maar ik reed bijvoorbeeld meestal gewoon in een leasewagen van de club. En dat vond ik prima. Auto's en andere statussymbolen hebben me nooit geïnteresseerd. Er is maar één korte periode geweest dat ik me liet meeslepen. Dat was vlak na het beëindigen van mijn carrière. Toen kwam ik terecht in een circuitje van rijke jongens uit Amsterdam-Zuid. Vastgoedmakelaars en zo, dat soort types. Die komen als vanzelf op je af wanneer je stopt met voetballen. Ik ging daar een tijdje in mee. Kocht ik ook opeens een Rolex. Zo'n protserig horloge dat ik nooit droeg en inmiddels allang ben kwijtgeraakt. Niks voor mij. En ging ik dure cadeaus en vakanties uitdelen aan mensen. Dat soort gelul. Maar gelukkig had ik snel door dat dit een vrij leeg bestaan was.'

'Het grote geld, de uitspattingen: eerlijk gezegd mis ik het allemaal geen seconde. Het is alleen klote dat ik tegenwoordig soms ergens een tientje moet lenen omdat ik anders geen boodschappen kan doen. Of dat ik mijn kinderen iets moet onthouden omdat het geld er niet voor is. Ik heb nu nog 35 euro. Daar moet ik twee dagen mee doen. Kom ik nooit mee uit.'

'Voor mijn eergevoel is dat wel kut. Maar verder doet het me niks dat ik niet langer hele middagen in sterrenrestaurants lunch. Als ik eerlijk ben, ging ik toch altijd alleen maar uit eten om lekker te kunnen drinken. Ik hoefde niet zo nodig naar een toprestaurant. Als de wijn maar een beetje te doen was, dan vond ik het al prima.'

Van Jean-Marc Bosman en het arrest dat zijn naam zou gaan dragen, had nog nooit iemand gehoord toen Wim Kieft topscorer van Europa werd. En ook niet toen hij de Europa Cup I won. Toch heeft hij als voetballer genoeg geld verdiend om er de rest van zijn leven riant van te kunnen leven. Maar het is allemaal op.

Afgezien van het half miljoen dat werd uitgegeven aan drugs, was er een naheffing van de Belastingdienst, een fiscale constructie van zijn toenmalige zaakwaarnemer Cor Coster – de schoonvader van Johan Cruijff – die hem anderhalf miljoen kostte, in plaats van opleverde. En zo waren er nog wel meer incidentjes. Ook zijn gewoonte om een huis te huren in Amsterdam-Zuid en dan zevenentwintig van de dertig dagen toch liever in zijn eentje met een berg cocaïne in een hotelsuite door te brengen, begon na een tijdje in de papieren te lopen. Nu is er alleen nog een schuld van vier ton, als het niet meer is. 'Misschien is het maar goed ook dat al mijn geld op is,' zegt Kieft. 'Een verslaafde met een goed gevulde bankrekening zal eerder in de verleiding komen om weer te gaan gebruiken dan iemand die eerst maar eens aan genoeg poen moet zien te komen. Alles wat ik nu verdien, wordt alvast gereserveerd voor de schuldsanering. Elke euro, inclusief mijn spelerspensioen. Ik krijg nu een wekelijkse toelage waarvan ik moet zien te leven. Dat is zo weinig, dat er echt geen geld overblijft voor coke, mocht ik dat al weer willen. Dat kan in het begin van je herstel net de extra barrière zijn die voorkomt dat je weer terugvalt. En verder vraag ik me af of er een heel groot verband is tussen mijn verslaving en het feit dat ik nu een paar ton schuld heb. Ik bedoel: dat geld was hoe dan ook wel opgegaan. Ik geloof dat ik nu eenmaal nogal mateloos ben, ook wat uitgeven betreft.'

Krol

-Met wie ging je om bij Ajax?

'Met Frank Rijkaard. En ook met Frank Arnesen. Daar lag ik mee op de kamer. Dat klikte wel. Arnesen heeft me in het begin echt op sleeptouw genomen bij het eerste. Later zijn we goede vrienden geworden. Ook in mijn PSV-tijd ging ik veel met hem om. Tot ik me een keer straalbezopen misdroeg op zijn vijftigste verjaardag.

Sindsdien hebben we geen contact meer. Dat is volledig mijn schuld. En daar baal ik verschrikkelijk van. Tot op de dag van vandaag vind ik dat vreselijk. Frank is zo'n goeie gozer…

-Waarom maak je het niet goed met hem?

'Durf ik niet meer. Ik schaam me te veel.'

-Zonde.

'Ja.'

-Met wie trok je nog meer op?

'Johnny Holshuijsen. Hij woonde bij mij om de hoek. Op zondagavond gingen we samen stappen op het Leidseplein. Hij was de snelle van de twee. Een mooie, knappe jongen. Johnny was een jaar ouder en veel verder dan ik. Elk meisje op wie ik verliefd werd, daar had hij het al vier keer mee gedaan. Hij was een sierlijke voetballer. Tot hij op een dag ongelukkig uit de tram stapte. Brak hij z'n enkel. Later is hij nog bij Volendam terechtgekomen.'

-Keek je in het begin ook tegen je ploeggenoten op?

'Ja, best wel. Ik had ontzag voor Arnesen en Lerby. Ik keek ook wel op tegen Tscheu La Ling. Dat was ook wel een goeie gozer. Zo onafhankelijk van geest, zo overtuigd van zichzelf. Heel anders dan ik. Een fascinerende figuur en een fantastische voetballer. Tscheu was altijd anders. Hij was ook altijd heel aardig tegen de jonkies. Iedereen hing aan de lippen van Cruijff, maar Tscheu ging liever met mij en Frank Rijkaard om. Dat vond ik wel mooi. Verder liepen er niet zo veel vedetten meer in het Ajax waarin ik debuteerde. Ruud Krol was net weg. Ik heb nog één wedstrijd met hem samengespeeld. Maar toen heeft ie me niet eens bekeken, die lul.'

-Waarom vind je Ruud Krol een lul?

'In mijn eerste seizoen in Italië speelden we met Pisa een keer uit tegen Napoli. Bij aankomst in het stadion stappen we gelijktijdig uit de bus. Hij uit die van Napoli en ik uit die van Pisa. Ik voelde me natuurlijk al een beetje minderwaardig. Hij was een ster in Italië. De eerste buitenlander die er Voetballer van het Jaar werd. Krol was echt een grootheid in Napels. Terwijl ik bij Pisa één goal had gemaakt in een halfjaar tijd en regelmatig werd gewisseld. Zo lagen dus de verhoudingen: hij werd nooit gewisseld, ik altijd. Maar goed, ik loop naar hem toe, om even gedag te zeggen. Twee ex-ploeggenoten, twee Amsterdamse jongens ergens diep in het zuiden van

Italië: dan zeg je elkaar even gedag. Maar wat denk je? Hij loopt zo door, die idioot. We hadden samen al een paar keer in Oranje gespeeld, maar hij liep zó door, die gek. Zogenaamd de meedogenloze professional uithangen, weet je wel? Toen dacht ik: je bent niet goed bij je hoofd, Krol. Kon ie doodvallen voor mij. Ja, rot op. Zo ben ik ook wel weer.'

STAPPENWERKBOEK NARCOTICS ANONYMOUS
Stap 1, bladzijde 9

VRAAG 34
-Aanvaard ik verantwoordelijkheid voor mijn leven en mijn gedrag? Ben ik in staat om mijn dagelijkse verantwoordelijkheden uit te voeren zonder dat het mij te veel wordt? Hoe heeft dit mijn leven beïnvloed?
'Nee, leg verantwoordelijkheid altijd bij ander neer. Laat hen mijn sores oplossen. Zo gauw ik zelf probeer, geef ik snel op. Wordt snel te veel. Vlucht dan in gebruik (drank). Financiële problemen.'

'Kijk, zo eindig ik ook'

Het is allemaal snel gegaan. De Wim Kieft die zojuist richting Ruysdaelkade is gefietst, zat nog niet eens zo heel lang geleden als bijrijder in een Mercedes die glom als een antieke kast. Achter het stuur zat de eigenaar, René van der Gijp. De twee oud-ploeggenoten hadden die dag een commercial opgenomen voor Vodafone. Ze waren amper uitgelachen over het riante honorarium dat ze daarvoor hadden opgestreken, toen er aan de andere kant van de smetteloze voorruit een zwerver overstak. Kieft tikte Van der Gijp aan. 'Kijk,' zei hij, wijzend op de versleten man achter zijn winkelwagentje, 'zo eindig ik later ook.'

Het leek destijds een geestige opmerking. Zeker voor iemand die even daarvoor een paar ton had verdiend met het opnemen van wat reclamefilmpjes van één minuut. Van der Gijp reageerde er dan ook niet op. Acht jaar later komt Kieft tot de conclusie dat het uiteindelijk allemaal maar weinig heeft gescheeld.

Het is bijvoorbeeld nog niet eens zo heel lang geleden, dat hij in de troosteloze omgeving van Station Amsterdam RAI een hele middag doorbracht in de bosjes. Daar zat de Europees kampioen van 1988, bibberend van ellende en stomdronken tussen de takken en de struiken, zich verschuilend voor de mensen die op weg waren naar hun trein. 'Op het toppunt van mijn verslaving heb ik me soms als een complete idioot gedragen. Die keer begon het ermee dat ik me dagenlang had opgesloten in een hotelkamer om te drinken en te snuiven. Ik had geen geld om de rekening te betalen en ben toen via de keuken het pand uit gevlucht. Heel gênant allemaal. Maar ik kon ook niet meer terug naar huis, want bij mijn vriendin was ik niet meer welkom. Toen heb ik dus inderdaad een halve middag in de bosjes gezeten. Ergens bij de spoordijk. Helemaal verdwaasd. Alleen maar te roken en te drinken. En het gekke is: voor mijn gevoel vloog de tijd voorbij. Als ik er nu nog weleens langsloop, krijg ik altijd een raar gevoel. Ik kan me gewoon niet voorstellen dat ik het was die daar zat.'

Zo zijn er honderden verhalen. De meeste zijn in- en intriest. Andere nauwelijks voorstelbaar. Hij heeft onder invloed dingen gedaan die volledig tegen zijn karakter indruisten, maar een van de directe effecten van cocaïnegebruik is nu eenmaal een korte en hevige opleving van het zelfvertrouwen. Zelfs de verlegen Wim Kieft was er gevoelig voor. Zelden zal bijvoorbeeld iemand met twee gram cocaïne op zak zó ontspannen door de douane zijn gewandeld als hij op die middag in Rome, onderweg voor een klus in Italië. Zelfs de drugshonden bij de bagagebanden passeerde hij alsof ze er niet stonden. Het ontbrak er nog maar aan dat hij er tijdens het kuieren een vrolijk deuntje bij floot.

Maar eenmaal in het hotel, toen het spul grotendeels op en uitgewerkt bleek, was er van die stemming weinig meer over. Een depressie diende zich aan. En dus zat hij al snel in een taxi en liet zich rijden naar de lugubere straatjes achter een groot station in Rome, het domein van de tippelaars, de gangsters en de drugsdealers. Daar liep hij dan, tussen de Afrikaanse immigranten die in het voorbijgaan allerlei koopwaar in zijn oor lispelden, behalve datgene wat hij zocht. 'Ik kon niets vinden en keerde uiteindelijk met lege handen terug op mijn hotelkamer. Dan voel je je zo triest, dat kan ik bijna niet beschrijven. In Londen ben ik ook zo een keer midden in de nacht op zoek gegaan. Kwam ik terecht in Soho, de uitgaanswijk. Maar als ze op straat zien dat jij echt verslaafd bent, word je genaaid waar je bij staat. Dan duwen ze je waspoeder in je handen, of rattengif desnoods. Dat gebeurde daar in Londen ook. Ik zag gewoon dat die gozer een wisseltruc deed, nadat ik hem geld had gegeven. Maar toch nam ik het aan en snoof het op, hoewel ik niet eens wist wat het was, en het ook totaal geen uitwerking had. En dat is nu het enge, oncontroleerbare van die ziekte. Dat je verstand zegt dat je het niet moet doen en dat je het tóch doet. Je drang is zó groot dat je niet meer kunt stoppen. Je zou wel willen, maar het gaat niet. Het lukt je gewoon niet meer om op een andere gedachte te komen. Je bent machteloos. Totaal.'

Der Gerd

'Kurt Linder is de slechtste trainer die ik ooit heb meegemaakt.'

-Ja? Nog slechter dan Aad de Mos?

'Nee, natuurlijk niet. Nee, ik bedoel uiteraard de slechtste trainer ná Aad de Mos. Aad staat bij mij echt voor altijd op één. Maar daarna komt toch Kurt Linder. Hij reed me elke ochtend voorbij als ik op de tramhalte bij het Tropenmuseum stond om naar de training te gaan. Altijd. Behalve toen ik er een keertje stond met Frank Rijkaard, zijn lieveling. Toen mochten we opeens meerijden in die blauwe BMW van hem. Weet je hoe ie mij altijd noemde?'

-Nou?

'Gerd Müller. Vreselijk vond ik dat. Want dan ging

Tscheu La Ling mij natuurlijk de hele dag Der Gerd noemen. Maar als ik eerlijk ben, zat er wel iets in. Vooral in de jeugd en helemaal in het begin bij Ajax, gingen de ballen er af en toe als vanzelf in. Dan stond ik op de een of andere manier telkens op de goede plaats.'

-Wat is er eigenlijk mis met Aad de Mos?

'Niks.'

-Niks?

'Nee hoor. Aardige man. Bij *Sport1* werk ik best graag met hem samen. Maar in de verhouding speler-trainer ging het niet tussen ons. Niet bij Ajax en later ook niet bij PSV.'

-Waarom niet?

'Ik geloofde niet in zijn aanpak. Totaal niet. Ik geloofde helemaal niet in de manier waarop hij dacht zijn spelers op scherp te moeten zetten. Altijd maar het conflict zoeken. Ik had bij hem hetzelfde als ik had bij Rinus Michels. Die behandelde mensen ook alsof ze allemaal hetzelfde waren. Prima, lekker doen, maar bij mij werkte dat niet.'

-Geef eens een voorbeeld.

'Van die psychologische spelletjes. Bijvoorbeeld tegen de spelersgroep zeggen dat ze morgen hun tennisspullen moeten meenemen. En als iedereen dat heeft gedaan, dan de hele groep meenemen naar de hei voor een duurloop van anderhalf uur. Met een psycholoog erbij, om te observeren hoe de spelers reageren als hun wordt verteld dat ze het racket weer kunnen opbergen. Sodemieter op zeg... Doe effe normaal. Dat kinderachtige gedoe, daar heb ik nooit tegen gekund.'

-Geef nog eens een voorbeeld.

'Je directe concurrent overdreven gaan prijzen, in een poging jou te prikkelen. Werd ik ook zo moe van bij Aad. Ging ie dan de hele training lang die Erik Meijer opzichtig complimentjes geven, om iets bij mij teweeg te brengen. Ook al was Meijer alleen maar even zijn veters aan het strikken, dan nog ging Aad voor hem applaudisseren. En er dan ook nog heilig van overtuigd zijn dat dit enig effect had. Maar ik wist écht wel dat ik beter was dan Erik Meijer. En ik zorgde er écht wel voor dat ik zondag fit en scherp in de spits van PSV 1 zou staan. Daar had ik de amateurpsychologie van Aad helemaal niet voor nodig. Net zo min als ik het nodig had dat Manke Nelis kwam optreden tijdens het EK'88. Dat was precies dezelfde onzin.'

-Pardon? Manke Nelis?

'Ja, jongen. Er was in West-Duitsland zo'n avond georganiseerd, om de stemming er een beetje in te brengen bij de spelers. Deden ze mij nooit een plezier mee. Dat was mij altijd veel te gekunsteld. Kwam Manke Nelis optreden en nog een paar artiesten van dat kaliber. Michels zelf ging natuurlijk ook nog het podium op. Zijn hit 'Droomland' zingen. En dan maar verplicht vrolijk doen met z'n allen... Brrrr.'

-Je kon het niet.

'Nee. Inderdaad: het lukte niet. Ik kon er niet in meegaan. Ik ging me ergeren, of voelde plaatsvervangende schaamte. Of het maakte me opstandig. Omdat ik het vaak zo stompzinnig vond, die zogenaamde psychologie die erachter steekt. Het voetbal zit daar vol mee.'

-Ja?

'Natuurlijk. We speelden een keer met PSV tegen Karlsruhe, in de eerste ronde van de Europa Cup. Tegen Karlsruhe. Dus niet tegen Real Madrid hè?'

-Nee.

'En ook niet tegen Manchester United.'

-Nee, jullie speelden tegen Karlsruhe.

‘Precies. En dan had Ger Lagendijk, de zaakwaarnemer die met ons meegereisd was, uit het materiaalhok van die Duitsers een paar schoenen van een van hun spelers weggehaald. En dat werd dan in onze kleedkamer gevierd alsof de overwinning al binnen was. Nee, dat zou de tegenstander wel uit de concentratie halen. Mijn god, wat een onzin.’

STAPPENWERKBOEK NARCOTICS ANONYMOUS
Stap 4, bladzijde 50

VRAAG 77
-Welke eigenschappen waardeer ik in mijzelf? Welke eigenschappen waarderen anderen in mij? Welke eigenschappen passen goed bij mij?
'Ben lief en reëel en vaak vrolijk.'

'Sommige meisjes liepen mee tot aan de voordeur'

Graziano Pellè moest nog geboren worden en van Dani of David Beckham had nog nooit iemand gehoord, toen Wim Kieft als een van de eerste voetballers in Nederland al wekelijks de meidenbladen wist te halen. Wanneer *Popfoto* en *Hitkrant* hun middenpagina niet hadden gereserveerd voor een poster van Spargo of Stephan van den Berg of Shakin' Stevens of desnoods Kayagoogoo, dan was het vaak het blonde hoofd van Wim Kieft dat de jonge lezeressen schaapachtig toelachte. Op ontelbare meisjeskamers, van Veendam tot Venlo en weer terug, moet zijn beeltenis met punaises aan de muur zijn vastgeprikt. Er was in de vroege jaren tachtig geen voetballer zo populair bij de vrouwen als hij.

Het had vreemde situaties tot gevolg, want iedereen vond Wim Kieft een sekssymbool – behalve Wim Kieft zelf. En met meisjes was hij ook nog niet erg handig. De interesse was er wel, maar zijn onzekerheid zat 'm in de weg. Dat was op school al zo. 'Ik had altijd het gevoel dat ik de verkeerde kleren aanhad. Ik had een puberhoofd. Ik ging in de pauze naar huis om mijn haar te wassen. Had altijd het idee dat het vet was. Ook als dat helemaal niet het geval was. Ik twijfelde aan alles.'

Desondanks groeide hij onder de vrouwelijke supporters uit tot de populairste Ajacied van zijn generatie. Het was in die jaren heel simpel: jongens wilden net zulke trucjes kunnen als Gerald Vanenburg, meisjes wilden zoenen met Wim Kieft. Veel van hen schreven hem liefdesbrieven. Ze smakten er vaak met roze lippenstift een kus op of besprenkelden het papier met parfum.

'Het was zo raar toen ik bij Ajax kwam. Ineens stonden al die bakvissen langs de lijn. Ik wist niet wat ik meemaakte. Het werd al vrij snel behoorlijk gek. Die meisjes begonnen me te achtervolgen. Eerst een paar, maar al snel hele groepjes. Zat de hele tram opeens vol met van die giechelende meiden die je zaten aan te staren. Ik wist me geen raad. Ze liepen met me mee naar huis. Sommigen tot aan de voordeur. Vaak waren ze nog maar dertien jaar, man. Ik werd er knettergek van. Ik was opeens een soort hype onder pubers in Nederland, maar ik had zelf nog nooit een meisje gezoend.'

Het was het wrange lot van de verlegen Wim Kieft dat hij met elke goal in het veld de aandacht en de gekte daarbuiten alleen maar voedde. De verkiezing van populairste Ajacied won hij met overmacht. Hij kreeg veertig procent meer stemmen dan Johan Cruijff. 'Wij waren kampioen, ik was topscorer van Europa en heel Ajax moest naar Hilversum voor een of andere huldiging door Ron Brandsteder, live op televisie. Moest ik als enige op het podium komen. Zegt die Brandsteder: "Wim, we hebben een verrassing voor je." En toen kwam er dus een meisje voor me zingen. Ze had een single over mij gemaakt. *Nummer Tien*, heette dat plaatje. Ach jongen… Het grootste dieptepunt in mijn leven, zo voelde het op dat moment. Het was allemaal vast goed bedoeld, maar ik krijg er nóg zweetplekken van onder mijn oksels. Toen dat gebeurd was, durfde ik helemaal de straat niet meer op.'

'Ik begon krankzinnig veel post te krijgen. Elke keer op 12 november werden er zakken met drie- vierhonderd verjaardagskaarten afgeleverd. Ze kwamen uit heel Nederland, van wildvreemde meisjes. Sommigen zeiden dat ze met we wilden trouwen. Ik weet nog hoe verbaasd ik de eerste keer was. Ik keek uit het raam en zag onze postbode aankomen. 'Krijg nou de pest,' dacht ik, 'al die postzakken in die Amsterdamse achenebbisj-straat van ons." Ik moest er wel om lachen. Het was allemaal heel vreemd voor mij. Ik hoorde en las dat ik er goed uitzag, maar ik had tot mijn negentiende nog nooit een meisje gehad. Ik zag ook helemaal niet van mezelf dat ik iets aantrekkelijks had.'

'Het eerste meisje met wie ik een relatie kreeg, was Sylvia. We waren jong toen we elkaar leerden kennen. We zijn ook jong getrouwd. Zij was amper zeventien toen we naar Italië verhuisden. Zaten we opeens met z'n tweeën in Pisa. Ik heb haar vader officieel om toestemming gevraagd. Hij vond het goed. Alles ging opeens heel snel met ons. We voelden ons als twee kinderen uit Amsterdam die opeens op wereldreis waren gestuurd. Weet je wat zo vreemd is? Van die beginjaren herinner ik me heel weinig uit mijn privéleven. Ik werd zo volledig door het voetbal opgeslokt. Ik was sowieso zelden thuis. Maar als ik wel thuis was, waren mijn gedachten vaak alweer bij de volgende wedstrijd.'

'Syl was geen typische voetbalvrouw, maar ze regelde wel alles voor me. Ze was gewoon lief, weet je? Altijd tasje inpakken, dat soort dingen. Zorgzaam. We waren vertrouwd met elkaar. We kregen drie kinderen samen.'

'In 1999 wilde Syl met onze relatie stoppen. Ik gebruikte toen al een beetje, zij wist dat op het einde ook, maar ik geloof niet dat onze breuk veel met cocaïne te maken had. Ik veranderde natuurlijk wel langzaamaan steeds meer. Maar het kan ook zo zijn dat je zo veel met elkaar hebben meegemaakt dat het op een gegeven moment op is, toch?'

'Ik ben er wel lang kapot van geweest, van die scheiding. Een paar maanden ben ik toen echt van God los geraakt. Eigenlijk viel de hele bodem onder mijn bestaan weg. Ik was toen heel verdrietig. Nu ben ik daar overheen. Onze kinderen zijn groot. De band met mijn dochters is gelukkig nog heel hecht.'

'Kort na de scheiding waren mijn kinderen mijn houvast. De helft van de week waren ze bij mij. Ik waste voor ze, kookte voor ze, bracht ze naar school, deed alle dagelijkse dingen. Heerlijk vond ik dat. Later, toen ik veel begon te gebruiken, kon dat natuurlijk niet meer. Gelukkig hebben mijn ouders toen vaak geholpen.'

'Syl was de perfecte moeder. Ik heb heel erg veel van haar gehouden. En ik hou op een andere manier nóg van haar. Ik kan nu inmiddels ook wel positief op onze relatie terugkijken. En dat heb ik nu zelfs wel weer met Suzanne, de moeder van Feline. Hoewel er genoeg dingen zijn gebeurd. Wij hebben zeven jaar een heel erg heftige relatie gehad. Heel anders dan met Syl. Veel luidruchtiger, zal ik maar zeggen. Wij hebben ook veel meegemaakt. Verdrietige dingen soms, maar ook fantastische dingen. Ik weet steeds beter te accepteren dat die relatie voorbij is, leer het achter me te laten.'

'Naar mijn kinderen heb ik natuurlijk wel een enorm schuldgevoel. Te vaak heb ik er niet kunnen zijn toen ze me nodig hadden. Ik heb geen stabiele basis kunnen bieden, althans de laatste jaren niet meer. En ook geen financiële steun. Ik heb ze ongewild betrokken in zaken waarin ik ze liever nooit had betrokken. Dat is een van de ergste dingen van die verslaving: dat ik heel veel schade heb berokkend, juist aan de mensen van wie ik het meest houd op de hele wereld. Dat is nogal wat hoor. Dat kan me ontzettend verdrietig maken. Maar ik zal er mee moeten leren leven. Het is niet anders.'

Meneer Beenhakker

-Jij hebt je hele leven een zwak gehad voor Leo Beenhakker

'Ja, dat klopt. Nog steeds. Ik heb altijd een mateloos ontzag voor die man gehouden. Ik ben hem ook altijd trainer blijven noemen, ook toen hij het allang niet meer was. Of Meneer Beenhakker. Sommige mensen roepen dat bij je op. Hij is er één van. Beenhakker had als trainer de gave je te laten voelen dat hij echt met je begaan was. En waarschijnlijk was dat ook wel zo. Ik ben hem mijn hele leven tegengekomen. Vanaf de A-junioren en het tweede van Ajax, tot aan onze gemeenschappelijke tijd bij het Nederlands elftal. Hij wist me altijd wel te raken. Beenhakker voelde precies aan wanneer ik aandacht en vertrouwen nodig had en wanneer niet.'

-Geef eens een voorbeeld.

'Ik kreeg die stomme rode kaart in de WK-kwalificatiewedstrijd tegen België. Dat geval met Vercauteren. Beenhakker was bondscoach. Ik voelde me klote. Ik had het gevoel dat ik hem in de steek had gelaten. Na drie dagen belde hij me op, in Italië. 'Witte, hoe is het? Luister, ik vind het klote wat je hebt gedaan, maar als we Mexico desondanks nog halen, neem ik je toch mee.' Dat is typisch Beenhakker. Je weet nooit of hij het ook zou hebben gedaan als we ons daadwerkelijk hadden geplaatst, ik denk het wel trouwens, maar ik vond het al mooi dat hij belde. Had ie niet hoeven doen.'

-Hij is de enige trainer bij wie je ooit een basisplaats hebt opgeëist.

'En gekregen. Op het WK'90 in Italië was ik echt in vorm. Dat voelde ik gewoon aan alles. In de eerste wedstrijd, tegen Egypte, scoorde ik. Beenhakker was bondscoach.

In de tweede wedstrijd, tegen Engeland, mocht ik alleen invallen. Toen heb ik op zijn hotelkamerdeur geklopt. “Trainer, u moet het zelf weten, maar ik vind dat ik moet spelen,” zei ik tegen hem. “Oh ja?”, zei ie, “nou, ik vind dat we dat dan maar moeten doen.” Zoals ik had verwacht, hield hij woord. Ik stond tegen Ierland in de basis.’

-Het toernooi werd een drama.

‘Ja, voor iedereen. Ook voor Beenhakker. Ik was erbij op Sardinië, toen hij in de kleedkamer die speech afstak om af te rekenen met het Michels-syndroom. Pijnlijk was het, om hem zo te zien. Ik had er liever niet bij gezeten. Beenhakker was kansloos op het WK. En dat had niks met hem te maken, maar alles met de sfeer in de spelersgroep. Iedereen was blasé geworden. Alles zat ook zo tegen.’

-En iedereen wilde liever Cruijff als bondscoach.

‘Ook dat. Er was die beroemde stemming geweest. Alle internationals moesten op Schiphol anoniem hun voorkeur bekend maken. Zo anoniem dat het de volgende morgen in *De Telegraaf* stond. Toen kon je al precies lezen wie wat had gestemd. En dat de voorkeur uitging naar Cruijff als bondscoach.’

-Wat stemde jij?

'Ja, ook Cruijff. Dat leek me gewoon de beste man op dat moment. Zo dacht bijna iedereen erover. En ik zat natuurlijk ook bij Cor Coster, de schoonvader van Johan. Ik vond het lullig voor Beenhakker. Maar ik heb het wel gedaan.'

STAPPENWERKBOEK NARCOTICS ANONYMOUS
Stap 1, bladzijde 9

VRAAG 32
- Welke problemen heb ik met mijn familie gehad als gevolg van mijn verslaving?
'Mijn dochters. Ruzie mee gehad door drugs. Verwijdering ouders, relaties.'

'Lieve mensen, echt lieve mensen'

Wim Kieft groeide op in de Celebesstraat in Amsterdam-Oost, de Indische buurt. Hij genoot er een beschermde jeugd in een kleine wereld. Overdag voetbalde hij langs de spoordijk op een veldje vol hondendrollen, 's nachts lag hij met grote ogen naar het plafond te staren in een kamer zo groot als een postzegel. Onder zijn kussen verborg hij altijd een mes en naast zijn bed stond een leeg bierflesje om in te plassen, want hij durfde niet alleen door de donkere huiskamer naar de wc.

Het waren de eindjaren zestig, beginjaren zeventig.

De straat was gevuld met blanke gezinnen, veel mensen waren familie van elkaar. Wimpie woonde op één hoog. Er was geen televisie in huis. Ook geen douche. *Sport in Beeld* keek hij op zondagavond bij zijn oma op twee hoog, douchen deed hij op drie hoog bij zijn tante. Een keer per week mocht hij naar het badhuis. Naast school bestond het leven uit drie dingen: voetbal, voetbal en voetbal. Na elk partijtje moest hij in de keuken wel altijd verplicht plaatsnemen in de wastobbe van zijn moeder, vanwege de hondendrollen. Hij paste er maar net in.

Er was een huiskamer, een keuken en een zijkamer. In de zijkamer sliepen Wim en zijn vier jaar oudere zus. Zijn ouders sliepen in de grotere slaapkamer aan het einde van de lange gang. Als hij over zijn vader en moeder spreekt, schetst hij het beeld van twee gesloten en bijna bange mensen, bescheiden van aard, zich liefdevol wegcijferend voor hun kinderen. Hij doet dat in vrij algemene zinnen, die er minder makkelijk uitkomen dan gebruikelijk. Zo openhartig als hij is over zijn verslaving, zo zorgvuldig kiest hij zijn woorden wanneer het over zijn ouders gaat. Zijn moeder leeft nog. Ze is tachtig. Ze heeft al genoeg met hem te stellen gehad, vindt hij. Hij wil haar niet nog meer pijn doen.

Hij noemt zijn ouders een paar keer achter elkaar 'lieve mensen, echt lieve mensen' en benadrukt dat hij veel genegenheid van ze heeft gekregen. 'Mijn ouders waren erg op zichzelf. Bij ons thuis gingen vroeger altijd om zeven uur de gordijnen dicht. Mijn vader en moeder waren echt bang voor vreemde mensen. Wanneer er bij ons thuis onaangekondigd werd aangebeld, werd er niet opengedaan. Ik kan me ook geen vrienden van mijn ouders herinneren. Op verjaardagen werden wel alle meubels aan de kant geschoven en zat het huis vol mensen, maar dat was altijd alleen maar familie.'

Zijn vader was vloerenlegger in de bouw. Een stille man, die, als hij geen vloeren aan het leggen was, op zijn vaste kruk zat geplakt in Café Gijs van Lennep, beter bekend als Café Rooie Gijs. Hij werd er al vroeg op de dag naartoe gezogen en verliet het alleen met grote tegenzin. Vaak werd kleine Wim eropuit gestuurd om hem te gaan halen voor het avondeten. 'Mijn vader was als in de klassieker van de man die zegt dat hij even een pakje sigaretten gaat halen en nooit meer terugkomt.

Maar ik weet niet of ik zin heb om veel van dat soort dingen te vertellen. Mijn vader was een gouden kerel. Echt een lieve man. Bescheiden, nooit op de voorgrond. Een harde werker. Niet rijk, maar nooit gierig. Als ie wat geld in zijn zak had, gaf ie het weg. Hij was goed in zijn vak en totaal onafhankelijk in zijn hoofd. Een stille man die van vissen hield, maar ook wel snel in conflict kwam met gezag.'

'In sommige opzichten lijk ik erg op hem. Ik geef mijn geld ook makkelijk uit en ik ben ook vatbaar voor de verleidingen van drank, net als hij. Tot aan de middelbare school had ik ook vaak moeite met gezag. Toen was ik een stoer jongetje met een grote mond, dat moeilijk te corrigeren was. Heel eergevoelig. Maar in de puberteit werd alles in één keer anders. Ik werd op de mavo van school gestuurd en kwam terecht op een school in een ander deel van Amsterdam. Daar werd ik op slag heel verlegen van. Ik voelde me buiten mijn eigen buurt niet op mijn gemak. In combinatie met Ajax, waar ik me ook niet op mijn plaats voelde, was dat echt heel vervelend. Ik werd er heel introvert van.'

Een diepe zucht. De zoveelste van de ochtend.

'Mijn vader zou dit trouwens allemaal gelul vinden, hoor. Net als die hele therapie van mij, de gesprekken met de psychologen, dat wroeten in je gevoelsleven. Allemaal gelul. Hij zou er niet te veel woorden aan vuil maken, aan dat clean worden. Hij zou alleen maar zeggen: "gewoon niet meer doen". En zo is het in de kern natuurlijk ook. Je moet het gewoon niet meer doen. Punt. Gemakkelijker gezegd dan gedaan, zou je denken. Maar hij kon het. Mijn vader was zelf alcoholist. In het voorjaar van 1983 hebben mijn zus en ik hem naar de Jellinek-kliniek gebracht op het Frederiksplein. Hij had er zelf mee ingestemd. De drank had ervoor gezorgd dat hij alles wat hij liefhad dreigde te verliezen. Zes, zeven weken hebben we hem toen niet gezien. Ik was amper twintig jaar en stond op het punt om naar het buitenland te verhuizen. Toen hij terugkwam, was hij ervan af. Puur op wilskracht. Hij heeft nooit meer een druppel gedronken. Nu realiseer ik me pas hoe knap dat was. Ik heb hem nooit zien worstelen. Hij deed het gewoon nooit meer. Klaar. We hebben het er samen nooit over gehad. Echt nooit. Mijn vader was een binnenvetter. Hij sprak niet makkelijk over emoties.'

'Ik denk dat mijn vader er pas heel laat achter is gekomen hoe erg het met mij was. Al stond hij wel altijd gelijk voor me klaar als ik hem nodig had. Toen ik net was gescheiden van Sylvia en ik daar nog erg mee worstelde, heb ik me een keer volledig laten gaan op doorreis naar Zwitserland. Ik strandde in Frankfurt. Nadat ik me daar eerst had opgesloten in een kamer van een vijfsterrenhotel en me te buiten was gegaan aan coke en drank, heb ik de volgende morgen in paniek mijn vader gebeld. Huilend. Toen heeft ie het eerste het beste vliegtuig geboekt en is naar me toe gekomen. Terwijl die man nog nooit van zijn leven gevlogen had. Maar toen stond ie wel opeens naast mijn bed. En zo was het later ook, toen ik bij het Waterlooplein woonde. Zat ie ook weleens nachten bij me, als ik daar behoefte aan had. Tot 's morgens vroeg op een stoel naast mijn bed, verhalen te vertellen over zijn jeugd in Amsterdam. Het drong vaak niet eens tot me door wat hij precies zei, maar het had een heel kalmerend effect op me om zijn stem te horen. Mijn vader heeft me tot op het einde van zijn leven proberen te helpen, op zijn manier. Maar dat is nu juist het verraderlijke en keiharde van die ziekte: uiteindelijk kan niemand je helpen. Niemand, behalve jijzelf.'

Knettergek

'Die doelpunten die als spits altijd maar door je hoofd spoken. Die totale obsessie met scoren. Daar werd ik soms knettergek van.'

-Ja?

'Echt. Je weet gewoon dat je als spits altijd wordt beoordeeld op je rendement. Daardoor kon ik pas echt lekker voetballen vanaf het moment dat ik had gescoord. Dan viel die druk weg. Om die reden speelde ik ook het liefst Europese uitwedstrijden.'

-Hoezo?

'Omdat je dan niet de druk had om beslissend te moeten zijn. Vaak was een doelpunt maken al meegenomen, ongeacht winst of verlies. Dat was lekker. Dan kon ik vaak ook met mijn rug naar de goal toe spelen. Alleen die bal vasthouden en anderen in stelling brengen, dat lag mij wel. Als ik mijn hersens maar kon uitschakelen. Want als ik te veel ging denken, lukte het niet. Of kreeg ik de neiging om te proberen de bal niet te krijgen.'

-Toch was je een geboren spits.

'In de jeugd bij Ajax was ik voorstopper. Maar toen ik

eenmaal voorin stond, wist ik hoe het zat. Er is in het voetbal maar één positie: de spitspositie. Spelen op *nummer 10*, dat gaat ook nog wel. Dat gaat net. Maar de rest is allemaal surrogaat. Linksback, verdedigende middenvelder, linksbuiten: het is allemaal drie keer niks. Er is maar één plek die ertoe doet. Spits. Omdat je beslissend kunt zijn. Omdat het alles of niets is. Omdat het spannend is. Omdat de euforie en waardering enorm groot zijn bij succes, maar de teleurstelling en de hoon en de schaamte ook extra groot bij falen. Het is een plek van uitersten. Daarom denk ik dat die positie uiteindelijk zo goed bij mijn karakter paste. Ik zocht de spanning ook op door daar te gaan spelen, de adrenalinekick van het spits zijn, de stress die erbij hoort, de ontlading ook. Ik bedoel maar te zeggen: sommige mensen waren al verslaafd aan drugs voordat ze er ooit aan begonnen. Ik ben zo'n iemand, vrees ik.'

STAPPENWERKBOEK NARCOTICS ANONYMOUS
Stap 4, bladzijde 48

VRAAG 51
-Hoe denk ik over mensen met wie ik vroeger naar school ging en de mensen met wie ik nu samen een opleiding volgde. Voelde ik mij minder of juist beter dan de andere leerlingen? Had ik het gevoel dat ik moest wedijveren voor de aandacht van de leraar? Had ik respect voor de schoolleiding of was ik juist opstandig?
'Voelde me altijd minder en dat kwam door mijzelf. Misschien kreeg ik wel aandacht maar ik liet die nooit toe. Kon niet over mijn gevoel praten. Ben beetje bang voor dat soort mensen. Ene kant bewondering, andere kant afkeer.'

'Altijd weer die kutdruk'

Wim Kieft was twaalf jaar toen hij bij Ajax kwam. Een lange, blonde jongen met een goed ontwikkelde koptechniek, maar geen raspaardje, zoals zijn teamgenoot Ton Blanker. Waar die zelfs het optrekken van zijn voetbalkousen nog iets sierlijks wist mee te geven, moest Wim het vooral van zijn torinstinct hebben.

Ajax was de club van zijn jeugddromen, maar wanneer hij terugdenkt aan zijn eerste jaren op jeugdcomplex Voorland, roept dat vooral een gevoel van onbehagen in hem op. 'Ik voelde me heel klein bij Ajax. Vanaf de eerste dag. Ik weet nog dat ik er aankwam met mijn neefje. Op mijn Quick voetbalschoenen. Stonden al die bijdehante gastjes bij elkaar, die patsertjes, in hun glimmende trainingsjackies. Gingen ze me dollen. Echt dat Amsterdamse zeiken. Ik durfde helemaal niet te reageren.'

Nog steeds kan hij zich voor de geest halen hoe opgelaten en nerveus hij zich soms in het rood-witte shirt kon voelen. 'Faalangst is een rode draad in mijn leven. Ik heb daar vanaf heel jonge leeftijd last van gehad. Alle jongetjes die door Ajax werden gevraagd waren ook trots, behalve ik. Mij bekroop juist gelijk het gevoel: ik moet oppassen dat de mensen nu niet gaan denken dat ik kapsones heb. Ik was pas twaalf, maar toch. Altijd weer die kutdruk.'

'Achteraf gezien voelde ik me toen al een beetje inferieur aan alles en iedereen. Dat is wel zonde. Ik was al heel jong gek op voetbal. Bezeten. Maar op het moment dat het echt iets voor me begon te betekenen, kon ik er al niet meer volledig van genieten. En in het veld ging het ook niet zo lekker. Ik was gewoon middelmaat in de jeugd bij Ajax. Elk jaar kwam ik in het derde, en dan als tweedejaars met veel pijn en moeite in B1 of A1. Het was altijd hard werken. Het was nooit makkelijk.'

'Later, toen ik doelpunten begon te maken, bleef ik dat onzekere gevoel houden. Wanneer ik had gescoord, bleken anderen dat vaak een stuk leuker te vinden dan ikzelf. Heel gek. Ik zette in het begin van mijn carrière iedere maandagochtend wel de wekker om heel vroeg de kranten te kunnen halen, omdat ik direct wilde lezen wat er over mijn doelpunten in stond. Maar ik zag er gelijktijdig als een huis tegenop om naar buiten te gaan. Dat iedereen dan tegen me ging zeggen dat het goed ging. Daar kon ik helemaal niet mee omgaan. Dan ging ik me verstoppen. En uiteindelijk uitte het zich in extremen: isolatie of juist boosheid, opstandigheid. Ik heb dat later, als prof, ook altijd gehouden. Er was voor mij bij Ajax ook niets ergers dan drie keer te hebben gescoord en dan het spelershome in moeten. Vreselijk vond ik dat.'

De meeste spitsen zijn macho's. Ze hebben de bal nog niet in het net gelegd of ze zitten er al op een barkruk over op te scheppen. Ze vieren elke goal tot diep in de nacht in de stad en presteren het best op de golven van de euforie. Wim Kieft was anders. Die stond bij Ajax op de drempel van het spelershome met een gevoel alsof hij aan de rand van een onpeilbaar diep ravijn stond. 'Het liefst ging ik na een goede wedstrijd gelijk naar huis, naar de spaghetti van mijn moeder. Maar dat ging niet, de trams zaten vaak nog vol supporters, die ook nog de gewoonte hadden om elke driehonderd meter aan de noodrem te trekken. Dus moest ik wachten in het spelershome. Dan kwamen al die vreemde mensen op je af. Allemaal wilden ze opeens iets van je. Ik voelde me altijd verschrikkelijk bekeken, probeerde me altijd zo snel mogelijk in het hoekje van de bar te manoeuvreren. Ik voelde me vreselijk als mensen me kwamen feliciteren met mijn doelpunten. Dan wist ik me geen houding te geven.'

Hij legt zijn hand op zijn buik. Dat doet hij vaak wanneer hij het heeft over het onbehaaglijke gevoel dat hem kan overvallen. Het huist ergens in zijn maagstreek. Het is het weeë, paniekerige gevoel dat hoort bij naderend onheil, ook al is er niets aan de hand. De meeste mensen hebben het alleen voor hun rijexamen of wanneer ze in de wachtkamer zitten van de tandarts, maar Wim Kieft kan het op de meest onverwachte momenten ervaren. Wanneer hij 's ochtends om zes uur uit verveling naar de benzinepomp loopt voor sigaretten bijvoorbeeld, en hij dreigende wolken langs een donkerblauwe hemel ziet trekken. Maar ook wanneer hij alleen maar op de fiets voor het stoplicht op de Apollolaan staat of als hij 's nachts wakker schrikt uit een enge droom. Soms praat hij zichzelf dan moed in. "Rustig Wim, rustig. Er is niets aan de hand, jongen. Helemaal niets. Er is geen enkele reden voor paniek." Soms helpt het. Meestal niet.

'Vroeger wist ik wel raad met dat gevoel,' zegt hij. 'Dan was het pats-pats-pats een paar grote bellen wijn, misschien wat koude wodkaatjes tussendoor en daarna een paar lijntjes coke. Dan was dat klotegevoel wel even weg. Maar nu ik niet meer gebruik, is die verdoving er niet meer. Ik merk dat al die gevoelens langzaam maar zeker terugkomen.'

Weer gaat zijn hand over zijn buik.

'Vaak denk ik dat die drugsverslaving maar een heel klein onderdeel van mijn werkelijke probleem is. Dat het allemaal veel dieper zit. Weet je waarom? Omdat ik dat gevoel herken, van vroeger. Ik had het als kind al. Bijvoorbeeld wanneer ik met mijn moeder thuis zat te wachten tot mijn vader terugkwam uit het café en ik maar hoopte dat zijn stemming een beetje goed zou zijn. En later, in het veld, had ik het ook. Ik raakte altijd een beetje in paniek als ik niet scoorde. Dan was ik bang weer in mijn negatieve gedachten te verdwalen, waardoor ik bij voorbaat al kansen ging missen. Zo was het altijd wat. Scoren zorgde voor problemen, niet scoren ook. Het was dus nooit echt ontspannen, dat voetballen. Nooit echt lekker.'

Paranoia

'Kijk, daar.'

-Wat?

'Een muis. Hij schiet net onder die bank daar.'

-Verdomd.

‘Vroeger had ik ook een muis, in de Rooseveltlaan.’

-In een kooitje?

‘Nee, hij was niet tam. Hij kwam alleen af en toe tevoorschijn. Ik sprak tegen die muis. Je doet de gekste dingen als je verslaafd bent. Ik was er echt van overtuigd dat ik een verstandhouding had met dat beest. Vroeg of laat maakt dat spul je paranoia, jongen. Je gaat dingen zien die er helemaal niet zijn.’

-Zoals?

‘Kan van alles zijn. Als ik in de huiskamer zat, was ik altijd bang dat ik de voordeur niet zou horen wanneer er iemand binnen zou komen. Niet dat er ooit iemand kwam, maar toch. Ik begon dus allerlei extra sloten op die deur te zetten. En een stoel onder de deurkruk. En voor de zekerheid daar weer een stoel tegenaan. Het liep helemaal uit de hand.’

-Wat dan?

‘Ik bleef maar dingen tegen die deur opstapelen. Er was geen doorkomen meer aan. De ene eetkamerstoel na de andere verdween naar de gang. Ik heb nog nooit zo veel kilometers gemaakt als van die bank naar de deur en weer terug.’

STAPPENWERKBOEK NARCOTICS ANONYMOUS
Stap 1, bladzijde 9

VRAAG 35
-Raak ik volledig in de war als iets niet volgens plan verloopt? Wat voor invloed heeft dit op mijn leven (gehad)?
'Alles moet gaan zoals bedacht, anders boos of laat dingen de dingen. Leven grote chaos.

'Niemand weet hoe erg het is, tenzij je het zelf hebt meegemaakt'

Wim Kieft leest elke dag in hetzelfde boek. Het heeft een blauwe kaft en is er alleen in een Engelstalige inhoud. Het heet *Just For Today*. Al bijna een jaar is het zijn persoonlijke bijbel.

Vroeger, als speler, kon je hem nog weleens met een roman aantreffen. Tegenwoordig heeft hij daar allang de concentratie niet meer voor. Een sudoku oplossen, dat gaat op goede dagen nog net. Voor de rest eist zijn gevecht tegen z'n verslaving alle aandacht op. 'Het is bijna zoals vroeger, wanneer je in trainingskamp zat voor een grote wedstrijd. Hoe dichter je bij de aftrap kwam, hoe meer je gefocust raakte op de wedstrijd en hoe minder aandacht je verder nog over had voor andere zaken. Daarom ergerde ik me altijd als mensen het hadden over die domme, beperkte voetballers, die tijdens hun carrière nergens anders interesse voor hebben dan de bal. Nou, probeer jij maar een boek te lezen, de avond voor de Europa Cup I-finale. Dat lukt je niet. Zelfs een bericht in de krant is dan nog te lang. Je wilt het ook niet. Je concentratie is ergens anders voor nodig. Zo is het nu ook. Het proces waar ik momenteel doorheen ga, eist 24 uur per etmaal aandacht. En net als vroeger bij het voetbal, mag ik geen moment verslappen. Op het moment dat ik één keer toegeef aan mijn drang, ben ik op slag verloren. Eén snuifje en ik kan weer helemaal opnieuw beginnen. Dat weet ik. En dat wil ik niet meer. Nooit meer.'

Het boek hoort bij de dagelijkse meetings die hij bezoekt. 'Ik ga meestal naar dezelfde meeting op dezelfde locatie. Dat vind ik prettig. Daar voel ik me wat minder bekeken dan in een groep met alleen maar vreemden. De mensen daar zijn er inmiddels aan gewend dat er een exvoetballer tussen hen in zit. Het is niet interessant meer. Het was wel even een drempel om als ex-international voor het eerst zo'n zaaltje binnen te stappen. Ik schaamde me. Je voelt de mensen ook kijken. 'Hé? Hij hier?' Maar dat is allemaal snel weg. De mensen die daar komen hebben wel iets anders aan hun hoofd dan Wim Kieft.'

'Anderhalf uur worden ervaringen uitgewisseld. We praten met elkaar over ons herstel, de verleidingen die we zijn tegengekomen, ons gevoel, de stappen die we hebben gemaakt. We mogen niet op elkaar reageren. En het is niet de bedoeling dat we over ons gebruikersverleden praten. We moeten elkaar steunen in het clean blijven. Er zitten jongeren tussen die verslaafd zijn aan blowen, maar ook zakenmensen die niet van de coke of de drank kunnen afblijven. Sommigen hebben alles verspeeld: hun bedrijf, hun geld, hun huwelijk, hun reputatie, alles. Soms zit er ook een seksverslaafde tussen. Het maakt niet uit. In de kern hebben we allemaal hetzelfde probleem. Je hoort de meest vreselijke verhalen. Je treft mensen die na vijftien jaar nog zijn teruggevallen. Je ziet mensen huilen, je hoort hoe iedereen worstelt met zijn eigen dwangmatigheid, je krijgt de diepste zielenroerselen van mensen mee. Maar het gekke is: al heel snel sta je nergens meer van te kijken. En het enige dat je nog voelt is empathie. Waarschijnlijk omdat je zo veel herkent. Ik had een keer een plastic tas met twee overhemden bij me, die ik gebruikte voor mijn werk op tv. Die hing ik aan het begin van de meeting aan de kapstok, maar toen we klaar waren was ie weg. Gejat. Daar kon ik niet kwaad om worden. Ik moest er eigenlijk ook wel om lachen. Ik dacht: ja Wim, wat wil je dan, met al die junks hier om je heen?'

'Het helpt om met andere verslaafden te praten. Zij begrijpen waar je het over hebt. Ik kan dit allemaal wel tegen jou gaan zitten vertellen, maar eigenlijk heb je geen idee. Niemand weet hoe erg het is, tenzij je het zelf hebt meegemaakt.'

Hij overhandigt het boek *Just For Today*. Het begint met een inleiding. Kieft leest die inleiding nog elke dag door. Er staat:

Alleen voor vandaag

Zeg tegen jezelf:
ALLEEN VOOR VANDAAG zal ik met mijn gedachten bij mijn herstel zijn, zal ik leven en van het leven genieten zonder drugs te gebruiken.

ALLEEN VOOR VANDAAG zal ik vertrouwen hebben in iemand in NA die in mij gelooft en mij wil helpen in mijn herstel.

ALLEEN VOOR VANDAAG zal ik een programma hebben. Ik zal proberen het te volgen naar mijn beste kunnen.

ALLEEN VOOR VANDAAG zal ik met hulp van NA proberen een beter zicht op mijn leven te krijgen.

ALLEEN VOOR VANDAAG zal ik niet bang zijn, mijn gedachten zullen bij mijn nieuwe kontakten zijn, mensen die niet gebruiken en een nieuwe manier van leven hebben gevonden. Zolang ik volgens die manier leef, heb ik niets te vrezen.

Als we het programma van NA-Anonieme Verslaafden gaan volgen, nemen we de beslissing om ons leven over te dragen aan de zorg van een Hogere Macht. De last van het verleden en de angst voor de toekomst worden draaglijk. Dankzij onze overgave komt de dag van vandaag in het juiste perspectief te staan. We aanvaarden het leven en genieten ervan zoals het nu is. Wanneer we de werkelijkheid van vandaag weigeren te aanvaarden, ontkennen we in feite ons geloof in onze Hogere Macht.

Dit brengt alleen maar lijden met zich mee.

Vandaag is een geschenk zonder garantie. Als we dit voor ogen houden, dan zijn we in staat om het verleden en de toekomst te relativeren en kunnen wij ons doen en laten beperken tot de werkelijkheid van vandaag. Dit maakt ons leven een stuk eenvoudiger.

Als het lukt om onze gedachten te beperken tot vandaag, dan zal de nachtmerrie van drugs plaatsmaken voor een nieuwe werkelijkheid. Wanneer we ergens mee zitten, kunnen we met onze gevoelens terecht bij een andere herstellende verslaafde.

Door onze ervaringen te delen met andere verslaafden, zullen wij ontdekken dat we niet uniek zijn. We blijken veel met elkaar gemeen te hebben. We vertellen elkaar waar we vandaag tegenaan gelopen zijn. Zo wordt het gesprek tussen NA-leden een manier waarop onze Hogere Macht werkzaam is.

Als we vandaag clean blijven en in contact blijven met onze Hogere Macht en onze NA-vrienden, is er niets om bang voor te zijn. God heeft ons onze misstappen vergeven en morgen moet nog komen. Meditatie en onze persoonlijke inventaris zullen ons vandaag helpen bij het vinden van gemoedsrust en richting. Iedere dag nemen we even de tijd voor God, zoals wij God zien. We zijn Hem dankbaar dat we vandaag in staat zijn met het leven om te gaan.

'Alleen voor vandaag' beperkt zich niet alleen tot onthouding van drugs. Het is van toepassing op alle vlakken van ons leven. We leven bij alles wat we doen volgens het principe 'één dag tegelijk'. Velen van ons gaan ervan uit dat God niet méér van hen verwacht dan precies datgene wat ze vandaag aankunnen om te doen.

De Twaalf Stappen van NA-Anonieme Verslaafden bezorgen ons een nieuwe kijk op het leven. Vandaag hoeven we ons niet meer anders voor te doen dan we zijn. Ons dagelijks contact met een Hogere Macht vult een leegte die we voorheen niet konden vullen. We halen voldoening uit het leven van vandaag. Nu we ons laten leiden door onze Hogere Macht, zijn we bevrijd van de zucht om te gebruiken. Vandaag hoeft niet alles perfect te zijn, het mag 'voldoende goed' zijn.

Het is belangrijk om te onthouden dat het een wonder is als een verslaafde een dag clean kan blijven. Om spiritueel gezond te blijven gaan we naar een bijeenkomst, werken we aan de stappen, mediteren we dagelijks en praten we met mensen in het programma. Het is mogelijk om verantwoordelijk te leven.

Als wij ervoor openstaan, dan maken eenzaamheid en angst plaats voor de liefde van de NA-gemeenschap en de zekerheid van een nieuwe levensstijl. We hoeven nooit meer alleen te zijn. Bij de NA-gemeenschap hebben we meer echte vrienden gemaakt dan we ooit voor mogelijk hielden. Zelfmedelijden en wrok maken plaats voor verdraagzaamheid en vertrouwen. Daarnaast is ons de vrijheid, de gemoedsrust en het geluk gegeven waar we zo wanhopig naar op zoek waren.

Er gebeurt heel wat op een dag. We nemen de tijd om zowel het negatieve als het positieve op waarde te schatten. Als we dat niet doen, ontgaat ons misschien iets wat ons zal helpen groeien. Onze leefregels zullen ons leiden tijdens ons herstel zolang we er gebruik van maken. Het is onze ervaring dat het noodzakelijk is om hiermee elke dag door te gaan.

Maradona

-Iedereen denkt dat die kopbal tegen Ierland het hoogtepunt uit jouw loopbaan is.

'Nee, man. Helemaal niet zelfs. Als ik terugdenk aan mijn carrière, denk ik ook niet aan doelpunten of bekers of titels. Er schieten mij heel andere dingen te binnen.'

-Wat dan?

'Bijvoorbeeld een moment uit de wedstrijd Napoli-Pisa, in 1986. Dat vond ik veel meer een hoogtepunt.'

-Maradona tegen Kieft.

'Zó! Dat vond ik echt een belevenis, om tegen die man te mogen voetballen.'

-Dat kan ik me voorstellen.

'Pisa had toen een heel jong team. De meesten waren begin twintig. Ik weet nog hoe zenuwachtig we waren of hij wel zou meedoen. Bij de warming-up zochten we naar hem. Nergens te zien. Shit, dachten we, hij doet niet mee. Dat was echt een teleurstelling. Maar kort voor de aftrap komt ie opeens het veld op. Vetertjes los, sokken naar beneden. Een paar keer een balletje hooghouden, een beetje dribbelen en toen was ie er klaar voor.'

-Heb je nog contact met hem gehad?

'Ja. Ergens in de eerste helft. Ik kreeg het aan de stok met Bagni. Ken je die nog? Vervelende gozer is dat. Ik zette mijn hand tegen zijn kin en duwde hem weg. Er ontstond een opstootje. Op het einde voelde ik een por in mijn rug. Ik keek om: Maradona. Ik keek hem recht in zijn gezicht. "Luister jongen," zei hij, "ik respecteer jou. Maar je moet nóóit aan mijn teamgenoten zitten. Begrepen? Nooit!" En daarna liep ie weg.'

-Hoe reageerde je?

'Ik knikte. Ja, wat dacht je anders? Het was niet Harry Lubse die dat zei. Het was Maradona.'

STAPPENWERKBOEK NARCOTICS ANONYMOUS
Stap 2, bladzijde 20

VRAAG 12
Ben ik op de een of andere manier bang om tot geloven te komen? Waar ben ik bang voor?
'Geen verleden met God. Schaam me om toe te geven dat ik het zelf niet kan. Denk ook iets van schaamte dat ik daar in begon te geloven.'

'Een sukkel met een stropdas'

In zijn oude huis aan de Amsterdamse Rooseveltlaan, onderaan de trap, verstopt achter wat emmers, een bezem en het stoffer en blik, stond jarenlang een kartonnen doos te wachten om te worden uitgepakt. Daarin zaten de stoffelijke resten van zijn loopbaan als spits. Vergeelde krantenartikelen uit Italië, oude foto's, vaantjes, medailles, oorkondes en ook een schoen van goud.

Negentien jaar is Wim Kieft en bloednerveus, wanneer hij in de herfst van 1982 op Schiphol aan boord stapt van een privévliegtuigje met bestemming Parijs. De rest van het reisgezelschap bestaat uit zijn 16-jarige vriendinnetje Sylvia, Ajax-trainer Aad de Mos, een afvaardiging van Adidas en nog wat mensen die graag meedelen in het kleine wonder dat zich het seizoen daarvoor heeft voltrokken, toen de jonge en onervaren spits van Ajax vrijwel uit het niets 32 goals maakte en zo topscorer van Europa werd. De bestemming is een in champagne gedrenkt gala aan de Avenue des Champs-Élysées, de sfeer aan boord is uitgelaten. De enige die er helemaal geen zin in heeft, is Wim Kieft zelf.

Als de motoren zijn warmgedraaid en het toestel zich langzaam maar zeker in beweging zet, wordt Europa's meest succesvolle spits overmand door een groot gevoel van onbehagen. 'Om te beginnen had ik vliegangst. We zaten in zo'n piepklein vliegtuigje, wat het er niet beter op maakte. En ik voelde me helemaal niet op mijn gemak. Ik was negentien jaar, onervaren en heel timide. Het was allemaal niets voor mij.'

Wim Kieft heeft zijn hele leven moeite gehad met momenten waarop hij ongevraagd in het middelpunt van de belangstelling komt te staan. Helaas is hij nu op weg naar een uitverkocht Lido, de beroemde nachtclub, waar uitgerekend zijn verkiezing als hoogtepunt van de avond staat geprogrammeerd. Even voelt het weer alsof hij met zijn rode Ajax-tas een overvolle tram in moet. 'Er is nog een mooie foto van die avond. Zie je een rijtje voetballers uit die tijd op het podium staan. Horst Hrubesch van HSV, Paolo Rossi van Juventus, Michel Platini van Saint-Étienne, Falcão van AS Roma... Jezus...' Hij schiet in de lach van zijn eigen opsomming. Ook tweeëndertig jaar na dato kan hij zichzelf weer zien staan, in een iets te wijde pantalon, tussen de danseressen met benen zo lang als brandweerladders en de grote sterren van het internationale voetbal. Het was een moment waar de gemiddelde spits met alle plezier zijn rechter knieschijf voor zou afstaan, maar zelden in zijn leven heeft Wim Kieft zich zo opgelaten gevoeld als toen.

'Die zaal zat bomvol. Allemaal blaaskaken, zoals gebruikelijk bij dat soort evenementen. Alleen de voetballers waren aardig. Dat is altijd zo. Maar toch voelde ik me niet thuis. Volgens mij lees je dat ook wel aan de foto's af. Daarop zie je dus eerst Platini, dan Falcão, dan Zico en dan opeens een sukkel met een stropdas van wie nog nooit iemand had gehoord. Dat was ik.'

Veel kan hij zich niet meer herinneren van die avond. Behalve dat hij enorm bang was voor een spontane zweetaanval. 'Daar had ik in die jaren vaak last van. Vooral als ik nerveus was. Ik was ook zó opgelucht toen ik van het podium mocht. Volgens mij heb ik me toen eerst een tijdje op het toilet verstopt. Daarna ben ik vrijwel direct vertrokken. Weg. Uit de massa, uit de spotlights. Er is die middag nog wel een foto gemaakt, samen met Kees Kist die de Bronzen Schoen had gewonnen. Echt zo'n *Telegraaf*-foto. Bij de Eiffeltoren of de Arc de Triomphe, dat weet ik niet meer. Allebei met die schoen in onze hand. Maar verder herinner ik me weinig meer van die trip naar Parijs. Wel dat het vrij somber weer was. En hoe opgelaten ik me voelde, zo tussen Platini en Falcão in. Dat was nu typisch zo'n moment waarop ik als het ware van bovenaf naar mezelf keek. "Mijn god, Wim," denk ik dan, "wat sta je daar nou allemaal te doen, jongen?"

Vroeger stond de Gouden Schoen met sokkel en al op de jongenskamer van Robbin, ooit net als zijn vader een speler van de Ajax-jeugdopleiding en later nog een tijdje aanvaller van onder andere FC Groningen. 'Ik heb best veel gewonnen als voetballer, maar ik ben niet iemand die zijn trofeeën pontificaal in zijn woonkamer uitstalt. Integendeel. Je zult in mijn huis echt geen medaille van mezelf aan de muur zien hangen, hoe goed je ook zoekt. De meeste spullen ben ik kwijt, de rest is opgeborgen in kartonnen dozen.' Toen er vorig jaar schilders bij hem op zolder bezig waren, vonden ze zo'n doos. Daarin zat onder meer een kleine, bijna zwartgeblakerde beker. Het was een replica van de EK-bokaal uit 1988, een prijs die alle spelers ontvingen. Hij was nooit opgepoetst geweest en maakte een verwaarloosde indruk. 'Nooit geweten waar dat ding lag. En als die schilders hadden gevraagd of ze die doos mochten hebben, inclusief die beker uit 1988, dan was dat voor mij ook geen probleem geweest. Dat meen ik echt. Ik wil niet ondankbaar overkomen, maar ik hecht nu eenmaal weinig waarde aan dat soort dingen. Nooit gedaan ook.'

Waar de Gouden Schoen precies verbleef nadat Robbin Kieft zijn jongenskamer had verlaten en aan zijn eigen voetballoopbaan was begonnen, is niet meer te achterhalen. De zoon heeft het contact met zijn vader al een tijdje geleden verbroken. Het is een litteken op de ziel van Wim Kieft zó groot, dat het maar niet wil stoppen met jeuken. Hij wil er weinig woorden over kwijt. Te pijnlijk om over te praten.

'Later heb ik die schoen nog eens uitgeleend aan een vriend. Die had 'm nodig voor een of andere lezing. Dat was volgens mij de laatste keer dat ik dat ding heb gezien. Als het goed is heeft hij 'm nog steeds. Laatst heb ik toevallig met hem ergens gegeten. Ik moet hem nog wat geld terugbetalen dat ik ooit van hem heb geleend. 'Dat komt helemaal voor elkaar,' zei ik toen, 'en als het toch niet voor elkaar komt, heb jij in elk geval een goed onderpand.' Daar kon ie gelukkig wel om lachen.'

Schoen

-Jij praat over de Gouden Schoen alsof je het over een medaille van de avondvierdaagse hebt.

'Luister, het is niet zo dat ik er niet trots op ben dat ik die schoen ooit heb gewonnen. Het zegt me alleen niet zo veel. En ik kan niet anders dan het relativeren. Dat ik tweeëndertig goals kon maken, had ook iets met het niveau van de Nederlandse competitie te maken. Wij speelden met Ajax soms tegen tegenstanders die zich wel heel makkelijk aan de kant lieten zetten. Nee, zo'n trofee zei me eigenlijk niks. En nog steeds niet.'

-En de Europa Cup 1?

'Hetzelfde. Ik zie het meer als de bevestiging van wel een aardig jaar met PSV. Al vond ik bijna al die Europa Cup-wedstrijden van ons heel matig hoor.'

-Elke gezonde Hollandse jongen droomt ervan ooit de Europa Cup 1 in zijn handen te hebben.

'Ja. Wat wil je daarmee zeggen?'

-Als je 'm dan eenmaal hebt, dan is dat toch een sensatie?

'Misschien heel kort. Maar ik bleef altijd reëel. Ik keek naar mijn eigen aandeel in de winst. Die was altijd maar een fractie. En ik vond bijvoorbeeld Real Madrid een veel betere ploeg hebben dan wij. Dat soort dingen heb ik me wel altijd gerealiseerd.'

-Zo kun je elk succes tot bijna nul relativeren.

'Ja, misschien doe ik dat ook. Maar ik meen het wel. Geloof je me trouwens, als ik dat zeg?'

-Jawel.

'Nee, oké. Want anders klinkt het ook weer zo koket, om dan te zeggen dat het je allemaal weinig doet. Maar het is nu eenmaal de waarheid. De enige uitzondering vormt misschien het EK'88. Ik heb met dat toernooi lang een soort haat-liefdeverhouding gehad. Maar de laatste tijd ben ik de herinneringen aan die zomer toch wel gaan waarderen. Ik was vorig jaar bij zo'n dag waarop het EK werd herdacht. Werd ik geïnterviewd en zo. Eigenlijk niks voor mij, maar ik deed het voor de poen. Toen ik zag wat die wedstrijden van ons ook vijfentwintig jaar later nog teweegbrachten, dacht ik voor het eerst bij mezelf: het is toch wel bijzonder geweest.'

STAPPENWERKBOEK NARCOTICS ANONYMOUS
Stap 4, bladzijde 47

VRAAG 42/43
-Op welke wijze ben ik intimiteit met familie, partners en vrienden uit de weg gegaan?
'Altijd al als iemand te dichtbij komt, krijg ik een benauwd gevoel. Neem dan afstand. Wil me ook liever niet vastleggen. Kan daar niet goed grenzen in leggen. Ben mateloos. Soms alles en dan weer niets.'
-Beschrijf deze patronen. Wat is mijn aandeel bij het in stand houden van dit proces?
'Heb vanaf moment dat ik in Italië woonde contact ontweken met ouders en zus door gevoel/gebrek aan wederzijdse intimiteit. Later, tijdens cokegebruik, kon ik geen intimiteit uitstralen. A door de coke. B doordat ik dat niet heb meegekregen van thuis. Gaat nu beter.'

'Kijk Wimpie, die mensen komen allemaal voor jou'

In de zomer van 1983 cirkelt Wim Kieft in een vliegtuig boven Pisa, als Piet Keizer hem in het zicht van de luchthaven met z'n elleboog aanstoot. Hij wijst op de menigte die zich onder hen rond het luchthavengebouw heeft verzameld. 'Kijk Wimpie,' zegt hij, 'die mensen komen allemaal voor jou.'

In eerste instantie denkt Kieft nog dat Keizer een grapje maakt, al is dat niet diens gewoonte. De oude linksbuiten heeft zoals gebruikelijk de hele dag amper gesproken en zeker nog niet gelachen. Maar als Kieft na de landing voor het eerst zijn blonde hoofd buiten het toestel steekt en voorzichtig de vliegtuigtrap afdaalt, klinkt er inderdaad een staande ovatie. Hij heeft nog maar drie stappen in Italië gezet en nog geen bal aangeraakt, of hij wordt al bejubeld als een Romeinse veldheer die is teruggekeerd van een beslissende slag.

Even later worden hij en zijn 17-jarige vriendinnetje Sylvia in een glimmende auto geduwd en richting stad gereden, voor de laatste onderhandelingen met het bestuur van Pisa. 'Pisa is een soort Alkmaar,' had Coster eerder die week in *Voetbal International* over de transfer van zijn pupil gezegd. 'De mensen kijken er tegen hem op, hij zal er snel zijn zelfvertrouwen terugkrijgen.' Dat eerste klopte, maar met dat zelfvertrouwen viel het wel mee.

Tot aan het moment dat Wim Kieft als een razende door de nauwe straatjes van Pisa wordt gereden, is hij nog nooit in Italië geweest. In zijn hele leven is hij als toerist maar twee keer buiten de landsgrenzen geweest. Eén keer met het busje van zijn vaders werk naar Zwitserland, om bij tante Cocky en ome Jan aan het Meer van Neuchâtel te logeren. En een keer met een groep vrienden per touringcar naar Lloret de Mar. Daar had hij voor gespaard. Eerst door achtergelaten winkelwagentjes te verzamelen op het parkeerterrein van Albert Heijn. Later door het communistische dagblad *De Waarheid* rond te brengen in de stad.

Eenmaal gearriveerd in Italië is alles nieuw voor hem. Je merkt het aan kleine dingen. Bijvoorbeeld aan zijn verbazing over de hoge temperatuur. 'Mijn moeder had tegen me gezegd dat ik er een beetje netjes moest uitzien als ik naar mijn nieuwe club in Italië ging. Dus wij de stad in. Hebben we ergens bij de Dappermarkt, tegenover de Kwantum Hallen, een colbert gekocht. Rood, als ik me niet vergis. En voor mijn gevoel net iets te groot.'

Vandaar dat Wim Kieft eruitziet als een orkestlid van The Skymasters als hij zijn eerste stappen in Pisa zet. Het is zomer. De zon schijnt onbarmhartig hard. Binnen de kortste keren stroomt het zweet als kleine riviertjes zijn boord binnen. 'Dat colbert was van wol. Ik transpireerde me helemaal gek. Heel naïef misschien, maar ik had er nooit bij stilgestaan dat het zo warm zou zijn.'

Het is tegenwoordig bijna met een lichte ontroering dat hij kan terugdenken aan die avontuurlijke eerste maanden in Italië. 'De onbevangenheid die je toen nog had, dat is achteraf gezien wel bijzonder. Ik wist helemaal niets van Pisa, behalve dat er ergens in de stad een scheve toren moest staan. Voor de rest had ik geen idee. Het was één groot avontuur. Van de ene op de andere dag stapte ik in een andere wereld. In Amsterdam was ik gewend met de tram naar de training te gaan, jarenlang met een paar door mijn moeder gesmeerde boterhammen in mijn sporttas. En nu zat ik opeens met de voorzitter van Pisa aan tafel, met mijn zaakwaarnemers Cor Coster en Piet Keizer en met Apollonius Konijnenburg, de makelaar. Die had zich er natuurlijk ook weer handig tussen gewrongen.'

Piet Keizer is die bewuste avond volgens Coster ingehuurd om indruk te maken met zijn grote naam als speler en omdat hij zijn talen spreekt, maar het merendeel is toch Coster zelf aan het woord. Tussen het whisky drinken door ratelt de schoonvader van Johan Cruijff erop los. Romeo Anconetani, de excentrieke voorzitter van Pisa, speelt een tijdje toneel en ontsteekt een paar keer in de traditionele Latijnse woede-aanval, maar al snel naderen beide partijen een akkoord. Er wordt een contract voor drie jaar opgetuigd. Wim Kieft verdient er zelf ook iets aan.

Het merendeel van de onderhandelingen gaat aan hem voorbij. De enige keer dat hij aan tafel opzien baart, is wanneer de eerste van de vele gangen wordt opgediend. Kieft snijdt zijn spaghetti eerst met mes en vork in kleine stukjes, voordat hij die eet. Zoiets grappigs hebben de Italianen in tijden niet gezien. 'Mijn wereld was heel klein. Ik wist niets van Italië of de rest van de wereld. Er was geen internet, er waren maar twee kanalen op televisie en als we op vakantie gingen was het altijd naar Vinkeveen, nooit naar het Gardameer. Je zag nooit Italiaans voetbal op televisie, behalve bij Europa Cup-wedstrijden. We waren nog heel jong. Sylvia moest eigenlijk nog haar havo-examen doen. En opeens zaten we in een restaurant, ergens in Italië. Ik had geen idee waar ik precies was. Als je me een landkaart had gegeven, zou ik Pisa niet eens hebben kunnen aanwijzen. Maar even later ondertekende ik wel een contract voor drie jaar.'

Geld was een grote drijfveer bij deze transfer. Bij Ajax speelde Wim Kieft in zijn laatste seizoen voor middeleeuwse bedragen. Hij was basisspeler bij Ajax, topscorer van Europa geworden en ook al international, maar voetbalde nog voor een minimaal contract. Zijn salaris bestond uit veertigduizend gulden per jaar en bij topprestaties eventueel zestigduizend gulden aan premies. Dat was minder dan Peter Boeve. En ook minder dan Edo Ophof. In Italië lag driehonderdduizend gulden netto per jaar klaar, plus een gegarandeerd bedrag van honderdduizend gulden aan premies, een luxe appartement tegenover het stadion, een gloednieuwe Talbot Horizon en bij het minste geringste spoortje van succes de aanbidding van een complete stad.

Wolven

'Het gekke is dat ik me van mijn verblijf in Italië maar heel erg weinig kan herinneren. Bijna niets eigenlijk. Zeker niet van mijn privéleven. Als voetballer in Italië ben je sowieso nooit thuis. Je gaat vaak op donderdag al in trainingskamp voor de wedstrijd van zondag. Maandag ben je vrij, een dag later begin je alweer met de voorbereiding voor de volgende wedstrijd. Maar ook van het voetbal herinner ik me niet veel meer. Voor mijn gevoel bestond dat jaar in de Serie B uit een oneindige rij gelijke spelen, in plaatsen als Lecce en Bari. We kwamen soms op de gekste plekken.'

-Noem er eens een.

'Avellino, tussen de bergen in de buurt van Napels. We stonden allebei onderaan toen we tegen elkaar speelden. Vier dagen voor de wedstrijd waren we er al. Er was geen geld bij de club, dus sliepen we in een of ander gribushotel op het platteland. Het was verschrikkelijk. 's Nachts hoorde ik opeens gejank. "Sono i lupi," zei mijn kamergenoot. Dat zijn alleen maar de wolven. Tering, hé... Wolven. Dat was Wimpie uit Amsterdam-Oost niet gewend.'

STAPPENWERKBOEK NARCOTICS ANONYMOUS
Stap 4, bladzijde 45

VRAAG 22
-Met welke gevoelens heb ik de meeste moeite om ze toe te laten?
'Gevoelens van angst. Onrust. Mijn hoofd slaat dan op hol. Maak alles negatief.'

'Buongiorno, sono Wim Kieft'

Als Wim Kieft op goede dagen terugdenkt aan zijn eerste jaar bij Pisa, ziet hij zichzelf met de spelersbus aankomen bij het Olympisch Stadion van Rome. Het is dan juli 1983 en hij gaat zijn eerste competitiewedstrijd in de Serie A spelen. Een paar weken daarvoor heeft hij nog met Ajax gevoetbald tegen de amateurs van Lisse. Nu neemt hij het op tegen het AS Roma van Falcão, Di Bartelomei en Graziano. Hij gelooft het zelf amper.

Op dagen dat hij zich goed voelt, wijst Kieft tijdens het praten over zijn Italiaanse jaren al snel op zijn bovenarm. 'Kijk dan, kippenvel. Echt. Ik vond het zó cool om daar in die stadions te mogen spelen. Stadio Communale van Juventus, San Paolo van Napoli, Stadio Olimpico van Rome... Jongen, wat een kick was dat voor mij in het begin. Ook om tegen al die topspelers te kunnen spelen. Vond ik geweldig. Ik ben altijd goed geweest in bewonderen. Dat heb ik nog steeds. Vroeger was ik gek van Michel Platini en Paolo Rossi. En opeens ging ik daar tegen voetballen. Ik kon het me in het begin nauwelijks voorstellen. Wim Kieft uit de Celebesstraat tegen Antônio Cerezo van AS Roma... Het bleef lange tijd een heel rare gedachte voor mij.'

Maar als Wim Kieft op slechte dagen terugdenkt aan zijn eerste jaar bij Pisa, dan schieten hem heel andere dingen te binnen. Dan voelt hij vooral de druk van het moeten scoren, de frustratie bij het uitblijven van goals en ook de verveling van de eindeloze trainingskampen. Vaak ziet hij dan één foto voor zich. Het is een prachtige plaat, gemaakt door wijlen Robert Colette, kort na de rust van de wedstrijd Pisa-Udinese. Kieft is dan net teruggekeerd uit de kleedkamer, na alweer een teleurstellend optreden in de spits. Vijfenveertig minuten lang had hij erbij gestaan als Robinson Crusoë op zijn eiland, terwijl aan de andere kant de grote Braziliaanse ster Zico wat aan het goochelen was met de bal. Daarna mocht hij gaan douchen.

Op de foto zit Kieft in zijn gewone kleren op de bank. Naast hem zit een medespeler die in opperste radeloosheid zijn hoofd inmiddels heeft verborgen in zijn capuchon en somber naar de grond tuurt. De rest van de bank wordt gevuld met een schreeuwende trainer met een snor en nog twee zorgelijk kijkende teamgenoten. Zelf loert Kieft ook met argusogen naar wat er op het veld gebeurt. Zijn blik voorspelt weinig goeds. 'De spanning die van die foto spat, de druk waar we allemaal onder staan, de stress die je op onze gezichten ziet... We zitten erbij alsof we oog in oog staan met een peloton Duitse soldaten dat op het punt staat ons te fusilleren. Die foto symboliseert voor mij perfect dat eerste seizoen in Pisa. Het was ontzettend zwaar. In alle opzichten, maar vooral mentaal.'

Voetbal is werk in Italië. Werk voor grote mannen. Wim Kieft komt daar al snel achter. 'Dat was wennen. Ik werd zo bij mijn moeder en Ajax weggeplukt en voor vier weken in een trainingskamp geduwd met allemaal mensen die ik niet begreep. Ik kon Syl nog net gedag zeggen, of ik zat al in de bus naar een of ander verlaten oord in de bergen. Daar moesten we ons vier weken lang elke dag de blubber trainen. Syl had heel lief snoep in mijn tas gestopt. Toen die trainer dat zag, dacht ie dat ie gek werd. Moest ik als een kleine jongen mijn snoep inleveren. Een voetballer met een mond vol drop, dat vonden ze niet professioneel. In Italië ging het er veel serieuzer aan toe dan in Nederland. Lag ik daar opeens in zo'n oud hotel, in een bloedheet kamertje met de een of andere rossige jeugdspeler die geen enkele buitenlandse taal sprak. Lekker dan. Alleen maar trainen, eten, rusten en op zaterdagmiddag naar de film op het dorpsplein. Man, ik heb al die nagesynchroniseerde Italiaanse kutfilms uit de jaren tachtig gezien.'

'Die voorzitter van ons was gek. Een halve nicht. Zijn zoon, die kort na de oorlog geboren was, had hij Adolfo genoemd. Dan weet je het wel. Die man was niet goed bij zijn hoofd. Een dag voor de wedstrijd ging hij in het spelershotel altijd alle kamers af. Ik lag dan vaak in mijn onderbroek op bed, want het was altijd heet. Dan ging hij op een stoel naast me zitten en begon hele verhalen.

Volgens mij was hij stiekem verliefd op me. Hij had een hekel aan gekleurde mensen. Hij deed altijd heel onaardig tegen Sylvia, die donker was. 'Jij moet beter voor hem koken,' schreeuwde hij dan tegen haar. Mafketel. Het was een chaos bij Pisa. We kregen ons salaris niet, we wonnen nooit en we versleten drie trainers in één seizoen. Ik kreeg nooit een voorzet. Mijn eerste doelpunt maakte ik pas in de tweede wedstrijd na de winterstop. Thuis tegen Catania. Ik durfde niet eens te juichen.'

Zo praat Wim Kieft als hij zich niet zo lekker in zijn vel voelt zitten. Maar op dagen dat zijn gemoedstoestand wat lichter van aard is, zijn het vooral de mooie herinneringen die komen bovendrijven. Dan begint hij als vanzelf de namen op te noemen uit de glorietijd van de Serie A. 'Het voetbal in Italië was op z'n top toen ik er speelde. De nationale ploeg was net wereldkampioen geworden in Spanje. Als je tegen een ploeg als Juventus speelde, stond je tegenover alleen maar sterren. Ik weet ze nog allemaal: Tacconi, Gentille, Scirea, Brio, Cabrini, Platini, Tardelli, Boniek, Rossi en zo kan ik nog wel een tijdje doorgaan. Op de bank zat Trappatoni als trainer. Ik herinner me een 0-0 in Turijn. Eén kans kreeg ik. Kopte ik in handen van de keeper. Het was mooi om mee te maken. Maar ik had wel vrij snel door dat ik hier nog veel te klein voor was. Ik was net twintig, een jongetje nog. Maar dit was het grotemannenwerk. Paolo Rossi, mijn idool, was anderhalf jaar eerder topscorer geworden op het WK. Het seizoen voordat ik er kwam spelen had hij acht keer gescoord in de Serie A. Toen ik dat las, moest ik wel even slikken. Mijn God, dacht ik, dat kan nog best eens lastig worden hier, als zelfs de beste spits ter wereld er maar acht weet te maken. En dat bleek ook zo.'

Kieft en zijn ploeggenoten maken zich bij de fans niet erg populair door vrijwel vanaf het begin van het seizoen af te stevenen op degradatie. Al snel kunnen de spelers na afloop alleen nog onder politiebegeleiding naar hun auto's. 'Pisa had een heel vurig publiek. De scheidsrechter werd bij ons na het laatste fluitsignaal altijd standaard per helikopter het stadion uit gevlogen. Vaak werden we na een nederlaag opgewacht door een paar honderd woedende supporters. Moesten we binnen wachten tot ze gekalmeerd waren. Soms zat ik uren opgesloten in het stadion, terwijl mijn huis op zevenhonderd meter afstand lag. Ik kon het zo zien liggen. Maar dan was het te gevaarlijk om je tussen de mensen te begeven.'

Aan het begin van het seizoen, als de blonde topscorer uit Holland nog alle krediet heeft bij de fans, wordt er een opvallend reclamespotje uitgezonden op Canale 50, het plaatselijke televisiestation van Pisa. Je ziet een piepjonge Wim Kieft tussen wat glanzende auto's staan. De Italiaanse zon heeft zijn haar nog witter gemaakt dan normaal. 'Buongiorno,' zegt hij in rudimentair Italiaans in de lens, 'sono Wim Kieft. Ik ben een vriend van Berto, van Pisana Motori.'

Wim Kieft doet dit niet voor zijn lol. In ruil voor dit optreden krijgt hij korting op de aankoop van een Renault 5 voor Sylvia. Die heeft net haar rijbewijs gehaald. 'Sylvia stond me vaak op te wachten in een van de straatjes bij het stadion. Tot de supporters het autootje herkenden van de televisiereclame. Toen probeerden ze het om te gooien. Met Sylvia er nog in.'

Aan het einde van dat eerste seizoen, wanneer Pisa is gedegradeerd, arriveren Wim Kieft en Sylvia doodmoe op dezelfde luchthaven als waar hij eerder dat jaar nog was ontvangen als een uit de dood teruggekeerde oor-

logsheld. Ze gaan terug naar Nederland voor een lange vakantie. 'Ga je weer naar huis?', vragen een paar supporters van Pisa in de rij voor de paspoortcontrole.
'Ja,' knikt hij geruststellend, 'maar ik kom terug hoor.'
'O jammer,' zeggen ze.

Aardig

'Ik was een heel normale voetballer, niets bijzonders.'
-Kom op, je was topscorer van Europa.
'Weet ik. Maar ik was geen Gullit, Van Basten of zo. Ik was iets meer dan de middelmaat. Ik zat daar tussenin, tussen Gullit en de middelmaat.'
-Je hebt de Europa Cup I gewonnen.
'Ik had een sterk karakter in het veld. Dat was eigenlijk mijn grootste kwaliteit.'
-Jij haalt jezelf altijd naar beneden.
'Omdat ik het ook allemaal niet zo bijzonder vind.'
-Zonder jou was Oranje misschien nooit Europees kampioen geworden.
'Nou en? Wat zegt dat nou allemaal?'

-Dat je misschien beter was dan je zelf durft toe te geven.

'Oh ja? Denkt u dat, dokter?'

-Ja.

'Luister, er is een keer een boek uitgekomen over de honderd beste voetballers van Nederland. Stond ik op nummer tachtig. Nou, dat is precies mijn plaats.'

-Best goed dus.

'Aardig. Ik was een aardige voetballer, laten we het daar op houden. Er waren in mijn elftallen altijd betere spelers. Behalve dan bij Pisa. Toen was ik één jaar de beste. Maar dat was in de Serie B. En de rest kon er geen klote van.'

STAPPENWERKBOEK NARCOTICS ANONYMOUS
Stap 10, bladzijde 117

-VRAAG 3
-Wat heb ik gedaan om God en anderen te dienen?
'Heb liefde gegeven aan de kinderen. Dankbaarheid God uitgesproken.'

'Serie B was alsof ik het paradijs binnenstapte'

Wim Kieft leert snel in Italië. Voetbal is er een hard en fulltimebestaan. De spelers van Pisa worden over de kling gejaagd. Ze verliezen vrijwel elk weekend en zijn doordeweeks nooit vrij. Ook Kieft weet al snel niet beter of hij maakt deel uit van een zwartblauwe karavaan die van spelershotel naar spelershotel trekt, kriskras door het land en altijd van de ene sportieve teleurstelling naar de andere.

Als de spelers van Pisa, na een trainingskamp van vier dagen, een wedstrijd spelen en na het laatste fluitsignaal tot hun verbazing direct weer de bus in worden geleid richting het volgende trainingskamp, ontstaat er onrust in de spelersgroep. Intussen wordt niemand betaald, hoewel het door de excentrieke voorzitter wel elke maand plechtig wordt beloofd.

Wim Kieft doet ontzettend veel in de spits van Pisa. Vooral vloeken in plat Amsterdams en wachten op een voorzet die nooit komt. Scoren doet hij zelden. Aan het einde van het seizoen staat de teller op drie, een aantal dat hij vroeger gedachteloos op een achternamiddag in het Oosterpark of op Kaalheide maakte. Negen van de tien keer wordt hij vlak voor tijd gewisseld. Dan komt er iemand anders in, die ook niet scoort, want Pisa heeft een te slecht elftal voor de Serie A. In de voorlaatste wedstrijd van het seizoen is de ploeg theoretisch gedegradeerd. In de eerstvolgende thuiswedstrijd kan het gebeurd zijn. Kieft weet inmiddels wat een vulkaan het eigen Garibaldi stadion kan zijn. 'Ik dacht meteen: nu moet ik een gele kaart pakken. Ik moet zorgen dat ik volgende week geschorst ben. In Pisa officieel degraderen, daar had ik niet zo'n trek in. Ik was echt bang om die wedstrijd te spelen. Heb ik er maar eentje een doodschop gegeven. Voor de zekerheid.'

Wim Kieft speelde in een tijd dat voetballers nog lijfeigenen waren, speelbal van de clubs waar ze onder contract stonden. In Italië is de strijd tussen de voorzitters minstens zo relevant als die tussen de spelers op het veld. 'Ik weet nog dat Syl en ik die zomer zouden gaan trouwen. Maar ik had helemaal geen geld. Mijn salaris werd nooit gestort. Toen ben ik naar die voorzitter gestapt. Die zat net bij de pedicure. Eerst keek hij me beledigd aan. Hij vond het kennelijk nogal brutaal dat ik om mijn poen kwam vragen. Toen ging ie lachen. "Geef die jongen z'n geld," zei hij tegen een van z'n bedienden. En tegen mij zei hij: "Jij speelt ook volgend jaar hier."

'We waren gedegradeerd en achteraf gezien is dat het beste wat me in Pisa is overkomen. Dat jaar in de Serie B was alsof ik het paradijs binnenstapte. Dat was mijn niveau. Hier kon ik beslissend zijn, uitblinken. Het ging vanaf het begin fantastisch. We hadden tot die tijd alleen maar idioten als trainers gehad, maar in Luigi Simoni hadden we eindelijk een goeie. Hij is later nog trainer van Inter geworden, toen Ronaldo er speelde. Simoni begreep mij. Hij wist me te raken. Hij zei gewoon, op heel rustig toon: "Zeg Kieft, doe niet zo raar. Dat heb jij helemaal niet nodig, dat bozige, dat verongelijkte... Ga gewoon lekker voetballen, jongen. Ga doen waar je goed in bent, in plaats van dat negatieve gedoe." Hij gaf me vertrouwen. Het liep heerlijk in het veld. Daarbuiten ook. Ik begon de taal te leren. Elke dag vijf woordjes erbij. En ik werd tot mijn eigen verbazing ineens superpopulair in de stad. We wonnen steeds meer en gingen steeds minder in trainingskamp. Toen werd het echt leuk. Als voetballer leef je dan in een paradijs in Italië. Zodra je gaat presteren, wordt de waardering van de mensen enorm. Dan word je aanbeden.'

Het was nogal een stap, van de Celebesstraat in Amsterdam-Oost naar de Via XXIV Maggio in Pisa, maar langzaam maar zeker vindt hij zijn draai in het buitenland. Zoals elke voetballer in Italië, krijgt hij ook de beschikking over een loopjongen. 'Stefano. Werd ik eerst heel ongemakkelijk van, zo iemand van je eigen leeftijd die erop stond je tas te dragen. Maar hij beschouwde het juist als een erebaan. Hij reed me rond, deed klusjes voor me, hielp me met van alles. Later werden we echt vrienden. Ik leerde zijn ouders kennen, we aten vaak samen, ik werd steeds meer opgenomen in de omgeving en de cultuur van het land. Het ging eigenlijk heel goed allemaal. Ik vroeg me steeds vaker af hoelang dat nog zo zou blijven.'

Viezigheid

-Hoe gaat het?

'Ja jongen, steeds beter. Dank je. Alleen vanochtend ging het even mis.'

-Wat was er?

'Ik had Felientje naar school gebracht. Niks aan de hand. Maar daarna loop ik een tijdschriftenwinkel in, voor een krant. Kennelijk was ik buiten ergens in getrapt, want ik had viezigheid aan mijn schoenen. En die winkelier zei daar wat van. Dat ie net zijn zaak had schoongemaakt en zo. Nou, die kreeg de volle laag.'

-Ja?

'Ja, ik ben er niet trots op, maar ik heb hem helemaal verrot gescholden.'

-En toen?

'Toen ben ik naar huis gerend en snel gaan mediteren.'

STAPPENWERKBOEK NARCOTICS ANONYMOUS
Stap 10, bladzijde 117

-VRAAG 33
-Heb ik vandaag iets gedaan waar ik een positief gevoel aan heb overgehouden?
'Eten gehaald voor de kinderen.'

'Maradona en Kieft, in één kleedkamer. Zou dat goed gaan, denk jij?'

Het geheugen van Wim Kieft vertoont zwarte gaten, zo groot dat er complete voetbaljaargangen in zijn verdwenen. Als troost is er gelukkig nog YouTube. Daar is alles nog zoals het was. Je kunt er de hoogblonde spits weer even in actie zien tegen Juventus, een paar minuten uit een lang vervlogen Serie A-wedstrijd, seizoen '85-'86. Hij geeft met buitenkant voet een dieptepass. Later in de wedstrijd wordt hij gevloerd door doelman Tacconi. Hij mag de strafschop zelf nemen. 'Con tutta calma,' zegt de commentator over de manier waarop hij de bal op de stip legt, maar in het hoofd van de Nederlander zal het minder kalm zijn geweest. Toch schiet Kieft onberispelijk binnen. Het stadion ontploft.

Er zijn nog meer clipjes. Je ziet Kieft drie keer scoren tegen Avellino in de Serie B. Je ziet hem strafschoppen binnenschieten, telkens laag, rechts van de keeper, en twee keer scoren tegen Nantes, waarna hij zijn Braziliaanse ploeggenoot Junior in de armen sluit. Om de muziek die onder deze niet al te heldere beelden is gemonteerd, zou Wim Kieft waarschijnlijk zelf ook wel kunnen lachen. Het is ABBA, met 'The Winner Takes it All'.

Het is een triest besef dat hij de euforie van toen niet meer kan navoelen, dat hij zich niet meer duidelijk voor de geest kan halen hoe intens hij het allemaal heeft beleefd, het juichen in een volgepakt San Siro in Milaan, de opkomst van de spelers in een bloedheet San Paolo in Napels, het voetballen tegen je eigen jeugdidolen, de aanbidding van de massa.

Maar misschien komt dat nog terug. Nu hij volgens eigen berekening al meer dan een jaar clean is en merkt dat langzaam maar zeker de ergste sluiers van voor zijn geheugen worden weggetrokken, zit Wim Kieft steeds vaker te dagdromen. Hij vraagt zich dan bijvoorbeeld af wat er met hem was gebeurd wanneer hij niet na een jaar Torino al was teruggegaan naar Nederland, om voor PSV te gaan spelen.

'Ik had achteraf misschien wel langer in Turijn moeten blijven. Als ik mezelf iets meer tijd had gegund om daar echt mijn draai te vinden als spits, was ik waarschijnlijk nooit meer uit Italië weggegaan. Dan had ik daar nu nog gewoond. En wie weet hoe mijn leven er dan had uitgezien.'

Gelukkig schiet hij er zelf van in de lach.

'Vast minder hectisch dan nu, denk je niet?'

Om de een of andere reden kruipt er vroeg of laat altijd een wat sombere en alles doodrelativerende toon in de stem van Wim Kieft, wanneer hij wordt gedwongen over zijn voetballoopbaan te praten. Maar in het geval van Torino overheerst de nostalgie. Halverwege de schrale jaren tachtig leidde hij er het leven van een maharadja, zo comfortabel. Er is dan een heerlijke stad waarvan de bevolking hem aanbidt, een appartement met uitzicht op de Mont Blanc, een auto die voor draaiende hoofden op het trottoir zorgt, en een plekje in de spits bij een volksclub, geleid door een voorzitter met de ethiek van een struikrover. Luigi Moggi, de man die Wim Kieft naar Turijn haalde, zou later worden ontmaskerd als een van de grootste boeven in de geschiedenis van het Italiaanse voetbal. En dat wil best wat zeggen.

Bijna had Kieft bij Fiorentina gespeeld, want die club wilde Kieft na zijn jaren in Pisa ook wel hebben. Er werd al officieel onderhandeld met Ploon Konijnenburg. Die bediende zich in die vroege jaren tachtig van een mobiele telefoon zo groot als een brandkast, inclusief een werphengel van een antenne. Zijn hoofd leek er die jaren aan vastgeklonken, want de handel in Nederlandse voetballers was booming. Krol was de koning in Napels, Jan Peters speelde bij Genua en met Michel van de Korput had Torino ook al goede ervaringen opgedaan. 'Moggi wilde me per se hebben,' zegt Kieft. 'En dus gebeurde het ook. Hij heeft Konijnenburg een keer of vijf telefonisch met de dood bedreigd en toen was het voor elkaar. Ik was speler van Torino.'

Het zijn romantische tijden in Piemonte. Torino is de club van wijlen Valentino Mazzola, de eeuwige aanvoerder van Il Grande Torino, het sterrenelftal dat zich in 1949 te pletter vloog tegen een basiliek op een van de bergen rond de stad. Elk jaar ondernemen club en supporters een pelgrimstocht richting de top van Superga, de heuvel waar de gevallen voetbalhelden hun dood vonden en die daar altijd in mei worden herdacht. Kieft is onder de indruk van de ernst waarmee de tocht wordt ondernomen. De club maakt indruk op hem. En hij op de club. Moggi is gek van zijn blonde spits.

'In het veld liep het vanaf dag één geweldig. Ik voelde me bij Torino op mijn plek. Ik was er ook letterlijk op mijn plek. Dit was mijn niveau. Niet Juventus. Niet Napoli, Niet Inter, nee, Torino. Na zes ronden was ik topscorer van Italië. Ik maakte er in de Europa Cup ook een stuk of vijf. Tot we in Hongarije terechtkwamen. Wedstrijd tegen Rabo Eto Gyor. Ik zakte er door mijn knie. En goed ook. Ik lag er maanden uit.'

Zo zijn er duizenden gebeurtenissen die ook anders hadden kunnen lopen. En die het leven van Wim Kieft misschien in tegengestelde richting hadden gestuurd. 'Ik was echt in topvorm toen ik in dat kut-Hongarije door mijn knie ging. We zouden dat weekend tegen Inter spelen. Dat zijn wedstrijden waarin je een grote transfer kunt verdienen als spits. Maar in plaats van in San Siro zat ik in Amsterdam, bij Richard Smit, de fysiotherapeut.'

'Zo zit ik tegenwoordig weleens te dagdromen. Stel dat ik was gebleven bij Torino en ik was ook blijven scoren... Moggi ging het jaar daarop naar Napoli. Het grote Napoli hè? Van Maradona. Careca, die jongens. Stel dat Moggi me had meegenomen. Stel, hè? Wat was er dan allemaal gebeurd met Wimpie Kieft? Het Napoli van de jaren tachtig, daar hebben zich avonturen afgespeeld, jongen... Dat voelde je al wanneer je er moest voetballen. Vond ik altijd geweldig, Napoli uit. Alleen al de aankomst in die stad. De agressie op straat wanneer je langsreed met de spelersbus. Altijd met tienduizend agenten eromheen, en ook altijd volledig tegen het verkeer in. Vond ik echt geweldig, dat soort dingen. Dan keek ik mijn ogen uit in die bus. Zo cool.'

Hij leunt achterover. Voor zijn eigen plezier laat hij de gedachte aan een fictieve transfer naar Napoli nog even in stand.

'Maradona en Kieft, in één kleedkamer. Zou dat goed

gaan, denk jij? En na de wedstrijd? In het nachtleven? Wimpie en Diego, samen gezellig op stap? Goed idee?'

Hij heeft het zelf niet door en zal het ook luidkeels ontkennen wanneer je het tegen hem zegt, maar ongemerkt is er heel wat enthousiasme in de stem van Willem Kieft gekropen. Diep in zijn hart heeft hij het gevoel dat hij nooit uit Italië had moeten vertrekken. 'Ik heb ook lang getwijfeld, toen ik naar PSV kon. Maar op de een of andere manier waren Syl en ik er ook aan toe om terug te keren naar Nederland. Als ik was gebleven, was ik compleet veritaliaanst, dat weet ik wel. Ik merkte in het laatste jaar al dat ik terugverlangde naar Turijn, wanneer ik in Nederland was. Ik vond het achteraf gezien een heel bijzondere tijd, met heel warme mensen om me heen. Het is echt kut dat het maar zo kort heeft geduurd. En dat ik me er eigenlijk maar zo weinig van herinner.'

Marktplaats

-Wordt er ook weleens gelachen tijdens die dagelijkse NA meetings?

'Jawel. Natuurlijk wel. De meeste mensen hebben in de loop van de jaren wel een soort zelfspot ontwikkeld. We maken grappen over ons eigen gedrag.'

-Zoals?

'Bijvoorbeeld dat we in een groep altijd automatisch op zoek gaan naar iemand die nog erger is dan wijzelf. Dat we daarnaartoe trekken, omdat we naast zo iemand beter uitkomen. En soms lachen we gewoon om wat er met mensen gebeurt. Je hoort de gekste verhalen. Twee verslaafden die samenwonen: de één gaat op reis en de ander zet intussen de complete inboedel op Marktplaats om er drugs van te kopen. Dat soort dingen.'

STAPPENWERKBOEK NARCOTICS ANONYMOUS
Stap 4, bladzijde 47

VRAAG 36
-Hoe heb ik mijzelf voor de gek gehouden?
'Mezelf enorm tekortgedaan. Maakte mezelf wijs dat ik niets waard ben.'

'Na Ajax ben ik toeschouwer geworden van mijn eigen carrière'

Wim Kieft speelde twee periodes voor PSV. Hij sleet de meeste jaren van zijn voetballoopbaan in Eindhoven en beleefde er zijn grootste successen. In zes seizoenen tijd werd hij één keer topscorer van Nederland met 29 goals, won drie keer de titel, drie keer de beker en eenmaal de Europa Cup 1. Maar als je hem vraagt wat hem als eerste te binnen schiet wanneer hij terugdenkt aan al die successen, zegt hij: 'Niks.'

Schouders gaan omhoog wanneer je hem naar zijn Eindhovense jaren vraagt. 'Het is echt zo. Ik weet niks leuks te vertellen over mijn PSV-tijd. Het klinkt heel lullig ten opzichte van die club en ik zou zelf ook willen dat het anders was, maar ik overdrijf niet. Er komt geen enkele herinnering bij me boven. Op de een of andere manier is er helemaal geen emotie verbonden aan mijn jaren bij PSV.'

Als routinier in het elftal van trainer Guus Hiddink, en later ook in de teams van Bobby Robson en Hans Westerhof, en zelfs heel even van Aad de Mos, ontpopte Kieft zich niet langer alleen als een kopsterke spits. Hij werd ook meer en meer aanspeelpunt in de voorhoede, de man met wie je als opkomende middenvelder altijd kon kaatsen. Het elftal waarmee hij kampioen van Europa werd, was zoals hij: misschien niet altijd even sierlijk om te zien, maar wel uiterst koelbloedig en succesvol. 'Het PSV van mijn eerste jaren was een zeer professioneel en volwassen team. Met een coach die dat onderkende en daar ook naar handelde. Het was een sterk elftal. Ronald Koeman, Søren Lerby, Erik Gerets, dat waren jongens die wisten wat er gevraagd werd voor succes. Ikzelf trouwens ook. Het klinkt altijd een beetje stoer als spelers dat zeggen, maar het is wel waar: Hiddink liet ons veel dingen zelf regelen in het veld. En dat werkte. Een tijdje.'

Het grootste succes kwam uiteindelijk in Stuttgart, waar Benfica in de Europa Cup I-finale werd verslagen. Het leverde de eerste en tot nu toe enige Europa Cup I voor PSV op. Maar ook hier weet Wim Kieft niets meer van, zegt hij. 'Nee, echt niet. Ik kan me niet één actie herinneren. Het was ook een heel slechte wedstrijd. Niet een die je lang bij zou blijven. Voor mijn gevoel speelde ik zelf ook heel slecht. Maar als je zegt dat ik juist supergoed was, geloof ik het ook, want zelf weet ik het werkelijk niet. Het werd strafschoppen. Vagelijk herinner ik me nog wel het gevoel dat ik had toen ik van de middencirkel naar de stip moest lopen. Vond ik best lang. Maar van de rest staat me niets meer bij. Ja, die bal ging erin. En ik weet wel ongeveer hoe, maar dat komt omdat anderen me later de beelden weleens lieten zien. Verder herinner ik me alleen de druk. Dat is vaak zo met dat soort grote wedstrijden. Je bent vooral bezig met niet verliezen. Je realiseert je goed wat een unieke kans zich aandient om zo'n prijs te pakken. Maar in plaats van met winnen, ben je vooral bezig met het voorkomen van een nederlaag. Dat spookte voor de wedstrijd in de kleedkamer door mijn hoofd: dat dit een unieke kans was en dat we 'm niet mochten laten liggen.'

Dan schiet hem toch nog een beeld te binnen uit die dagen rond zijn grootste wedstrijd ooit. 'Het is een dag voor de finale. We zitten in trainingskamp, ergens in Duitsland. Het is lekker weer. Lerby en ik gaan naar buiten, een sigaretje roken. Lerby was mijn vriend. Hij woonde in België. Ik ging vaak bij hem langs, eten en drinken. Dat was altijd gezellig. We zijn compleet anders, maar toch is hij mijn vriend. Ik weet nog dat we buiten op de stoep van het hotel zaten. Heel even spraken we over de finale.

"Misschien wordt het morgen wel penalty's nemen," zei ik.

"Nou en?", zei Lerby.

"Nou, stel je voor dat je 'm mist. Ik denk dat ik dan ga huilen."

Toen had je die Søren moeten horen. Ik dacht dat ie gek werd van het lachen.

"Huilen?" Hij gierde het echt uit. "Jezus, wat een lul ben jij zeg!", zei hij. En daarna, tegen de rest van de spelers binnen. "Hé jongens, moeten jullie horen wat Willem hier net zegt. Dat ie gaat huilen! Wat een zak!"

Kieft herinnert zich de sfeer als nogal zakelijk in Eindhoven, een elftal gedreven door geharde profs uit binnen- en buitenland. 'Het was een vreemdelingenlegioen, een elftal met weinig onderlinge binding. Net zomin als met de omgeving trouwens. Op Linskens en Van Aerle na was er bijna geen Brabander te bekennen in dat PSV. Er zat voor mij ook weinig emotie in mijn werk. Wel drive, maar geen echte emotie. Ik herinner me ook heel weinig doelpunten, terwijl ik er alles bij elkaar toch wel wat gemaakt heb. Meer dan voor Ajax. En toch, wanneer er een voetbalflits mijn gedachten te binnen schiet, is het altijd in De Meer. Het is heel abstract, maar ik krijg dan een bal aangespeeld en ik kan het publiek in mijn rug voelen en horen. Ik neem de bal aan en zie gelijk waar de ruimtes liggen.'

Hij schraapt zijn keel.

'De ruimtes hè, niet de oplossing.'

Het komt nooit voor dat er een herinnering uit zijn Eindhovense jaren zich spontaan aandient. 'Het klinkt zo lullig, maar ik kan er niets aan doen. Ik denk dat ik nooit écht iets gevoeld heb. Wat ik wel jammer vind. Het

EK heb ik wel intens beleefd, de negatieve en positieve dingen samen. Maar mijn tijd bij PSV niet. Het was een heel mooie periode in sportieve zin, maar ik voel geen trots als ik erop terugkijk. Zelfs niet op die Europa Cup. Ik vond ons ook een lelijk elftal, met lelijke shirtjes en lelijke broekjes. Nee, ik heb nog wel foto's van die tijd, maar ik kan bladeren wat ik wil, het roept niets bij me op. Bij Ajax heb ik dat wel. Daar heb ik wel een bepaald gevoel bij. Misschien omdat daar je wortels liggen en dat je in die jaren echt bezield was. Zou kunnen. Bij PSV was ik meer een harde prof tussen de andere harde profs. Terwijl ik er op het moment zelf natuurlijk ook best van genoten heb. Ik vind het jammer dat ik niet meer bij dat gevoel van toen kan komen. Bij PSV benaderde ik het voetbal routinematig, bijna op de automatische piloot.' Een diepe zucht.

'Weet je wat ik weleens denk? Dat ik na Ajax toeschouwer ben geworden van mijn eigen carrière.'

Van Hanegem

-Je hebt tegen heel grote voetballers gespeeld.

'Ja, klopt. Dat vind ik wel mooi. Ik heb altijd veel bewondering gehad voor grote sterren. Echte vedetten. Daar kon ik als tegenstander al van genieten.'

-Noem er eens één.

'Willem van Hanegem bijvoorbeeld. Ik weet nog dat ik met Ajax een uitwedstrijd speelde tegen FC Utrecht. Ik was aan het rekken en strekken met Rijkaard. We waren nog heel jong, misschien net achttien of zo. Toen kwam Willem dat veld op, met die kromme benen van 'm. Vond ik wel een bijzonder moment, hoor. Ik ben altijd idolaat geweest van hem als voetballer. Ik zie hem nog zó die tunnel uit komen. Trainingsjackie aan, dat sterke lichaam, die grote bos haar. Dat maakte echt indruk op ons. We waren op slag een beetje bang van hem.'

-Rijkaard ook?

'Zeker weten. Toen Van Hanegem bij ons in de buurt liep, zei Frank: "Moet je kijken, hij heeft zelfs haar op zijn handen." We voelden ons in de schaduw van Willem opeens heel kleine jongetjes.'

STAPPENWERKBOEK NARCOTICS ANONYMOUS
Stap 3, bladzijde 30

VRAAG 6
-Hoe heeft het handelen uit eigen wil mijn leven beïnvloed?
'Ontevreden omdat dingen niet gaan zoals IK wil. Eenzaam.'

'Hé Kees, heb jij misschien een Caballero voor mij?'

Zijn twee periodes bij PSV werden onderbroken door een verblijf in Bordeaux. Een groot succes was het niet. 'Ik wist al na een paar weken dat ik de verkeerde keuze had gemaakt. Alhoewel: zo veel keuze had ik niet. Coster had nooit een club voor me. Bordeaux had goede spelers. Christophe Dugarry, Bixente Lizarazu, Patrick Battiston, Didier Deschamps, noem maar op. Maar kort nadat ik had getekend, viel de belastingdienst binnen bij de club en begonnen de geldproblemen. We kregen ons salaris niet meer, de clubleiding werd in de boeien geslagen, er ontstond een chaos op de burelen. Dat was ook goed te merken. Op het einde gingen we gewoon met de stadsbus naar de training, geld voor eigen vervoer was er niet meer. En terug moesten we onze vuile kleren bij ons houden, want we moesten zelf de was doen. Dat hield ik niet lang vol. Bovendien raakte ik ook nog geblesseerd. In een of andere uitwedstrijd brak ik mijn arm. Ik was blij dat ik na een jaar kon terugkeren naar Nederland.'

Een van zijn beste jaren beleeft Wim Kieft wanneer hij voor de tweede keer het PSV-shirt gaat dragen. Hij scoort. En een spits die scoort is machtig. Hij wordt een van de leiders van PSV. Het is aan kleine voorvallen te merken. Bijvoorbeeld op een avond in Turkije. In de Europa Cup-wedstrijd tegen Besiktas loopt Kieft dan tegen een rode kaart op. Na een uur stuurt scheidsrechter Lobello jr. hem van het veld. 'Lobello was net als zijn vader, zo'n irritant kereltje met zo'n veel te kort broekje aan. Ik had inderdaad een overtreding gemaakt en die ook geaccepteerd. Niets aan de hand dus. Tot die kleine Italiaan vlak voor me ging staan en heel druk ging doen. Toen zei ik: als u zo doet, lijkt u precies op een dictator. Pats. Kreeg ik gelijk rood.'

Na afloop zit Wim Kieft in de Turkse kleedkamer, alleen. Er bestaat een mooie foto van dat moment. Daarop zie je hem met gebogen hoofd op de bank zitten, een leeg pakje Marlboro naast hem. Om hem heen liggen zwachtels.

Wat je niet ziet op de foto, is dat kort daarna manager Kees Ploegsma woedend de kleedkamer binnenstormt. Schreeuwend vraagt hij waar Kieft in godsnaam mee bezig is? En of hij wel weet wat uitschakeling kost en dat hij financieel gezien hoe dan ook de volgende ronde moet halen. Daarna richt Kieft zijn hoofd langzaam op en kijkt de manager een tijdje aan.

Dan zegt hij: 'Hé Kees… Heb jij misschien een Caballero voor mij?'

Dat dit een van de weinige momenten is die hem nog helder voor de geest staan uit zijn Brabantse jaren, blijft een merkwaardig fenomeen. Misschien is het zijn eerste afscheid bij PSV, dat ervoor heeft gezorgd dat er veel van de harde schijf in zijn hersens is gewist. Hij kreeg dat jaar ruzie met Gerald Vanenburg. Daarna met nog een paar andere spelers. Het lijkt erop dat er toen iets is geknapt. Op de sporadische momenten waarop hij over

PSV spreekt, kun je de afstand die hij voelt terughoren in zijn stem. Hij oordeelt hard. 'Het PSV van die eerste jaren was een lekkere spelersgroep om bij aan te sluiten. Iedereen wist precies wat er gevraagd werd op dat niveau. Koeman, Gerets, Lerby, Heintze, Van Breukelen, ik: er zaten veel eigenwijze gasten tussen, maar we wonnen wel alles. Daardoor werd de sfeer buiten de kleedkamer automatisch ook goed. Maar een vriendenploeg was het zeker niet. Eigenlijk vond ik Gerets een lul, Van Breukelen een lul, Heintze een lul... Maar we konden een periode lang wel heel goed presteren samen. Al was de periode waarin dat weer begon af te brokkelen misschien nog wel het meest interessant. De totale overmoed die over ons kwam nadat we de Europa Cup hadden gewonnen, dat was het begin van het einde voor onze generatie. Ik kan me nog herinneren dat we een groot toernooi in Spanje speelden, misschien wel dat van Barcelona. We moesten op zondag al voetballen, maar toen we op zaterdagavond aankwamen in ons hotel in Spanje, liepen we rechtstreeks door naar de bar. Bier, wijn, er werd van alles gedronken. Heel langzaam ging PSV er toen aan, als elftal.'

Zelf kwam hij op een middag de kleedkamer binnen en hoorde Gerald Vanenburg tegen Flemming Povlsen zeggen: 'Hé, speel je zondag nou? Anders ga ik wel even praten.' Kieft: 'Ik deed net of ik niets gehoord had, maar ik voelde dat er iets aan de hand was. Vanenburg wilde met Povlsen spelen in plaats van met mij en had wat teamgenoten gevonden die hem daarin steunden. Ik dreigde op de bank te belanden. Van Breukelen deed ook mee aan dat spel, maar kreeg later spijt. Uiteindelijk kwam er een gesprek waar ook Ploegsma en Hiddink bij aanwezig waren. Toen verklapte Van Breukelen alles, uit een soort gewetenswroeging. Hij had bijna tranen in zijn ogen en zei opeens: 'Wim, ik heb er zo'n spijt van dat we achter jouw rug met Ploegsma zijn gaan praten. Alleen maar omdat Vanenburg liever met Povlsen en Boerebach speelt dan met jou en Søren Lerby.' Maar het mooie was dat niemand nog van dat gesprek wist, behalve Vanenburg en Ploegsma zelf. Van Breukelen praatte dus zijn mond voorbij. "Wat een vieze engerd ben jij," heb ik toen gezegd. En dat meende ik ook. Dat was het begin van het einde van dat PSV-elftal. Daarna werd het alleen maar minder. Ik vond het ook heel moeilijk om nog met Vanenburg samen te werken. Als mens kon ik geen respect meer voor hem opbrengen. Eigenlijk vond ik hem een grote nul. En Van Breukelen ook. En dan moest het EK in West-Duitsland nog beginnen… '

'Ook in mijn tweede periode was PSV geen schim meer van het elftal dat de Europa Cup won. Zelf kende ik nog één topseizoen bij PSV. Het eerste jaar na mijn terugkeer uit Bordeaux leek alles vanzelf te gaan. Dat was heerlijk, zo onbevangen en vrij ik toen voetbalde. Maar daarna werd het steeds minder. Helemaal toen Aad de Mos kwam. Met Bobby Robson en Hans Westerhof kon ik het nog wel vinden. Met De Mos niet. Hij zette mij op de bank, ik raakte ook geblesseerd en opeens was ik er klaar mee. Er was nog interesse van KV Mechelen en Feyenoord, maar ik besloot te stoppen. Ik kon het ook niet meer opbrengen om me voor de zoveelste keer weer in het elftal te knokken. Het was op. Ik was 31 jaar en kapte ermee. Het was klaar.'

Geheim

'Toen ik op mijn dertigste terugkeerde naar Amsterdam, ging ik inzien dat er naast het voetballen nog een ander leven bestond. Ik begon uit te gaan, veel in restaurants te eten. Toen kwam ik er ook pas achter waarom ik naarmate de avond vorderde steeds langer in de rij moest staan bij de wc's. Dat iedereen daar zijn neus aan het volstoppen was. Voor die tijd had ik daar helemaal geen aandacht voor. Toen zag ik dat gewoon niet. Terwijl ik het tegenwoordig juist overal zie. Zelfs als het er niet is, zie ik het. Ik heb er waanbeelden over. Ik kan nog steeds niet iemand op de hoek van de straat zien telefoneren, zonder te denken dat hij op zijn dealer staat te wachten of zelf aan het dealen is.'

-Vond je het de eerste keer niet eng om te doen, dat snuiven?

'Nee. Maar wat dat betreft ben ik eigenlijk voor niks bang. Ik ben best wel destructief. Als iemand me vijf tabletten geeft en zegt dat die goed zijn tegen hoofdpijn, dan gooi ik ze alle vijf lachend naar binnen. Daar zit ik niet mee. Na de eerste paar keer coke gesnoven te hebben, kreeg ik wel lange tijd op de gekste momenten een bloedneus. Daar schrok ik in het begin wel van. Het gaat natuurlijk allemaal kapot van binnen. Maar ook dat hield me niet tegen.'

-Had je iemand die voordeed hoe het moest, dat snuiven? Of die je vertelde hoeveel je moest nemen?

'Nee. Ik kende niemand in mijn omgeving die het deed. Ik deed het vanaf het begin af aan alleen. Ook later heb ik nooit met iemand samen gesnoven of het gedeeld. Het was mijn eigen geheim.'

STAPPENWERKBOEK NARCOTICS ANONYMOUS
Stap 1, bladzijde 8

VRAAG 20

-Waarover ben ik precies machteloos?

'Machteloos om te controleren geen drugs te gebruiken of alcohol. Machteloos om niet te reageren op mijn gevoel. Handel impulsief in plaats van dat ik een gevoel er laat zijn. Voel ik me goed, dan loop ik gevaar dat ik overmoedig handel. Doe dan beloftes, geef geld weg/uit. Negatief gevolg is dat ik dan meteen overzicht ga verliezen. Kom in een tunnel terecht. Ga dingen zien die er niet zijn.'

'Als je wilt mag je 'm wel hebben hoor'

De Rivierenbuurt, op een woensdagmiddag. De voordeur van Wim Kieft staat open. Een lange, gestoffeerde wenteltrap leidt naar zijn woning op de eerste etage. Daar staat de heer des huizes al in de deuropening te wachten, in korte broek en op slippers. Het is warm in Amsterdam. 'Let maar niet op de rotzooi,' zegt hij, 'het is hier altijd een bende.'

Het heeft weken van aandringen gekost en het is ook alleen met frisse tegenzin dat hij nu op zoek gaat naar de sleutel van zijn zolder. Daar, ergens verstopt tussen vergeten huisraad, oude koffers, zakken met kleding en dozen vol paperassen, moeten de stoffelijke resten van zijn voetbalcarrière liggen, inclusief de plakboeken die hij zelf nooit meer wil inzien.

In de huiskamer is Feline aan het spelen met haar poppen. Haar vader zoekt intussen naar de sleutel. Het duurt even, maar uiteindelijk is het raak.

'Papa gaat even naar zolder, oké, Felientje?'

Het blonde engeltje knikt.

Dan begint de beklimming van een hele serie wenteltrappen, langs deuren van andere, anonieme Amsterdammers, net zo lang tot we in de nok van dit grote huis zijn aanbeland. Daar opent hij de deur van zijn zolder, een schemerige ruimte onder het puntdak van dit vooroorlogse pand, waar de spullen die door hem zijn verstoten in grote hopen bijeen liggen, alles bovenop elkaar en tot zo ver het oog reikt. Je kunt er geen stap zetten, zonder ergens op te trappen. Overal ligt wel iets.

'Wat een zooitje.'

Hij overdrijft niet. Veel systeem is er bij het opbergen niet gebruikt. Het is eerder alsof alle spullen hier ooit door een tornado naar binnen zijn geblazen. Met grote stappen baant hij zich een weg door de eerste paar verhuisdozen en bol staande vuilniszakken. Hij vist een paar medailles op. De een vermeldt dat hij ooit speler van het jaar was bij Pisa. 'Wist ik niet eens meer,' zegt hij. De ander zit in een chic doosje, ingeklemd in donkerblauw fluweel. Het laat een scheve toren zien en de afbeelding van een beker. Mitropa Cup Pisa 1985 staat op de ene kant gegraveerd. En op de achterkant, omgeven door lauwerkransen: Willem Kieft. Vanquers 1986: Pisa Sporting Club.

Hij trekt een kartonnen doos open. Er komt al snel van alles bovendrijven.

- Een vaantje dat herinnert aan een toernooi in Valencia.
- Zijn geboortetegel.
- Een aanmaning.
- Een foto waarop hij onder de douche een kus uitdeelt aan Hans van Breukelen, in zijn hand een fles champagne die hoort bij de zoveelste landstitel.

– Nog een aanmaning.
– Een foto van Wim en Sylvia, als tieners op de bank.
– Een briefkaart van Hermione, met wie hij zeven jaar samen was, afgesloten met veel hartjes en veel x'en.
– Een oud schoolrapport.
– Een foto van hem naast Frits Philips.
– Een videoband met daarop het programma 'Gullit en Kieft in Casablanca'.
– Een stapeltje oude kranten, met een touwtje eromheen.
– Een oorkonde van een straatvoetbaltoernooi uit de jaren zeventig.
– Een bal van elastiekjes.
– Een vergeelde brief van Le Coq Sportif, destijds zijn schoenensponsor.
– Drie geboortekaartjes met elk een roze strikje en de tekst: Dankbaar voor dit nieuwe leven geven wij met grote blijdschap kennis van de geboorte van onze dochter Feline Alberta Kieft.
– Een paar consumptiebonnen in een envelop, horend bij een onbekend stadion in Duitsland.
– Stapels foto's.

– Een blauwzwart sjaaltje met Forza Pisa erop.
– Een uitnodiging van de KNVB voor de interland Nederland-Zwitserland (afbellen svp bij K. Rijvers).
– Een paar batterijen (gebruikt).
– Een foto als dienstplichtig soldaat in de Oranje-Nassau Kazerne bij het Sarphatipark, nog geen vierhonderd meter van zijn huis.
– Een ongeopende uitnodiging voor een reünie van PSV.
– Een doos wattenstokjes (ongebruikt).
– Een perskaart voor de wedstrijd Juventus-Inter.
– Een foto van zijn kinderen en hij met Patty Brard, ergens op een strand.
– Een programmaboekje van Ajax-MVV, met Bert van Marwijk nog als libero.

En zo nog honderden andere dingen die in een doos passen.

De deksel gaat dicht. Er moet verder worden gezocht. Hij gaat steeds dieper de zolder op, hoewel de spullen inmiddels bijna tot aan zijn middel komen.
'Godver!', roept hij opeens.

Even lijkt het erop dat hij opgetogen is over een bijzon-

dere vondst. Is die Gouden Schoen dan alsnog terecht?
'Nee, mán. Ik snij me in m'n vingers.'

Hij steekt een bloedende pink in zijn mond en gooit de resten van een ingelijste elftalfoto op de grond. De Ajax-selectie van seizoen '80-'81. Achter het gebarsten glas poseert hij als tiener op een elftalfoto voor de Reynolds-tribune in De Meer. Ze hebben hem tussen zijn drie kleinste collega's gezet, Jan Weggelaar, Jesper Olsen en Gerald Vanenburg. Tussen zijn voeten ligt een witte Derby Star-bal en voor zijn neus staan drie opgepoetste Europa Cups en een Wereldbeker. Aan een van de scherven uit de lijst zit nu bloed, precies ter hoogte van de buik van Piet Schrijvers. Jammer dat die geen mentholsigaret in zijn mondhoek heeft.
'Kut Ajax,' zegt Kieft lachend.

Daarna gaat hij verder met graven. Af en toe valt er iets om. Op goed geluk trekt hij soms een doos open. 'Effe kijke,' mompelt hij dan. De ene keer vindt hij alleen maar oude schoenen, de andere keer is het een verzameling lp's. Maar zelfs wanneer hij met de platen van Kate Bush en The Police en David Bowie in zijn handen staat, de muziek uit zijn jeugd, kan hij niet sentimenteel worden. 'Wat een rotzooi allemaal,' zegt hij, wanneer hij op een stapel oude *VI*'s is gestuit. Daarna verlegt hij zijn aandacht naar een verhuisdoos die rinkelt wanneer je er tegenaan schopt. Hij opent de klep, steekt zijn hand naar binnen en begint dan, in hoog tempo en met de achteloosheid van iemand die de borrelnootjes doorgeeft, allerlei bekers, schalen en medailles te overhandigen. 'Hier,' zegt hij, 'winnaar van een toernooi met Bordeaux. En hier: landskampioen met PSV. En nóg een.' Hij houdt een miniatuurreplica van de kampioensschaal omhoog, helemaal dof en vol krassen. PTT Telecompetitie, staat erop. Van grote afstand gooit hij 'm weer terug in de doos. Nog een graai tussen het eremetaal. Er komt een beker van een centimeter of twintig tevoorschijn. Eigenlijk hoort hier ook een bijpassende sokkel bij, maar die is al lang geleden afgebroken. Aan de onderkant is de beker iets verbogen. Hij zit vol krassen en op sommige plekken begint het eremetaal doffe, zwarte plekken te vertonen. Coupe Henri Delauney, staat erin gegraveerd. Het is de beker uit 1988, de mini-replica die alle spelers na het winnen van het EK in West-Duitsland kregen. 'Als je wilt mag je 'm wel hebben hoor,' zegt Kieft.

Het doet hem zichtbaar weinig om zo door zijn eigen verleden te grasduinen. Toch zou het mooi zijn als hier, tussen de tassen vol oude videobanden en de kist met roestig tuingereedschap, ook het geruilde shirt uit de wedstrijd tegen Ierland nog boven water zou komen. Maar dat is uitgesloten. Al zijn shirts zijn weg. 'Ik had kisten vol. Ajax, PSV, Oranje, alle shirts die ik in de loop der jaren geruild had... Mijn moeder had ze altijd voor mij bewaard. Maar toen ik geldgebrek had, heb ik ze aan mijn nichtje gegeven. Die wist een verzamelaar die ze wel wilde kopen. Toen heb ik alles in een doos geflikkerd en weggedaan. Ik weet niet eens of die man ooit betaald heeft. Ik denk het niet trouwens. Maakt ook niet meer uit.'

Dan tilt hij iets zwaars van de grond.

'Aha.'

Het zijn z'n plakboeken en fotoalbums, althans het deel dat bewaard is gebleven en dat niet onderweg van huis naar huis is vergeten, kwijtgeraakt, uitgeleend, weggegooid of achtergelaten. Wat Wim Kieft zelf allemaal vergeten is, zit nu in een allang versleten verhuisdoos van Gamma. 'Er moet nog veel meer zijn, maar dat kan ik zo snel niet vinden hoor. Neem dit maar mee, als je wilt. Ik begrijp nog steeds niet wat je eraan hebt, maar goed... Als ik jou er blij mee maak, vind ik het prima.' Dan knipt hij het licht uit en draait de deur weer op slot. Hij moet terug naar beneden. Feline kan niet te lang alleen zijn. Ze is pas vier.

Nadere inspectie leert dat de Gamma-doos die Wim Kieft heeft overhandigd, bestaat uit elf plakboeken, één krakend familiefotoalbum en een berg losse pagina's uit tijdschriften en kranten, alsmede een grote verzameling losse foto's, een handjevol paperclips, een brief van de bank, een boek van ene David Baird (*Duizend wegen naar wijsheid*), een stapeltje oude toegangskaartjes, een geplet insect en twee wattenstokjes (ongebruikt).

Het familiefotoalbum is klassiek. Het is donkerbruin met een gouden rand en zit vol kleine, gekartelde zwart-witfoto's. Kleine Wimpie op een ezel, kleine Wimpie op het strand, kleine Wimpie langs de waterkant. Met het omslaan van de bladzijden zie je hem veranderen. Het haar wordt steeds langer. De blik is steeds vaker naar de grond gericht.

De mooiste plakboeken zijn uit zijn begintijd als voetballer, toen alles nog nieuw was. De stukjes zijn allemaal hetzelfde. Ze gaan over een gewone, verlegen jongen uit een Amsterdamse volksbuurt die altijd scoort en die tegen wil en dank een meisjesidool wordt. Op pagina's die uit het blad *Club* afkomstig zijn, zie je hem poseren naast scholieren van dertien jaar, en een balletje trappen met twee lezeressen die hem vragen mogen stellen. Hij vertelt in interviews dat zijn ouders telkens een nieuw geheim telefoonnummer moeten nemen. Soms werd er meer dan honderd keer op een dag gebeld. Zelfs zijn postbode wordt geïnterviewd en mag uitgebreid vertellen over de zestig brieven die hij dagelijks aflevert.

Op enkele plekken klemt een losse foto tussen de plakboekpagina's. Er zitten juweeltjes bij. De jonge talenten van Ajax, op het veld van De Meer: Van Basten, Kieft, Van 't Schip, Vanenburg, Silooy, Olsen, Mølby, Rijkaard. Van Basten heeft nog jeugdpuistjes. Van 't Schip heeft een lolly in zijn mond. Voor hun neus staat een babybox.

Er zit een reportage tussen uit *Nieuwe Revu*. Je ziet Kieft op de schouders van de F-Side-supporters in Café Jacobs in de Leidsestraat. Hij is die middag net kampioen geworden. Op een andere foto zie je hem samen met Jesper Olsen en Simon Tahamata om kwart over vijf 's ochtends over het Leidseplein lopen, onvermoeibaar de titel vierend. Ook het dagboek dat hij tijdens het EK'92 in Zweden bijhield voor *Panorama*, is bewaard gebleven. Eerste zin: 'De voorbereiding op het EK is één dag oud, maar ik verveel me nu al.'

Op sommige bladzijden zijn officiële documenten vastgelijmd. Brieven van Ajax of Bordeaux, of overgebleven resten fanmail.

Eén brief is plechtiger ingeplakt dan de rest. Het zijn woorden die horen bij zijn afscheid als voetballer. Boven aan het papier staat het prachtige klassieke logo van PSV. Daaronder, in hoofdletters: EINDHOVENSE VOETBALVERENIGING.

Er staat:

Ik heb Wim leren kennen toen ik aanvoerder was van Ajax en hij als heel jonge gast voor het eerst meespeelde. Bij trainingskampen werd ik ook steeds aan hem gekoppeld; bij Ajax was het gebruikelijk om een ervaren speler aan een jonge speler te koppelen. Het viel mij op dat hij niet veel praatte, maar dat hij toch wel een persoonlijkheid was en een heel goede uitstraling had. Zijn lef om al op heel jonge leeftijd naar Italië te vertrekken samen met Sylvia maakte duidelijk dat hij iemand was die vertrouwen in zichzelf had en graag het avontuur zocht. Later is hij als voetballer uitgegroeid tot een grote persoonlijkheid, één van de weinigen die rondlopen op de Nederlandse velden. Wim en ik hebben door de jaren heen een heel goede vriendschappelijke band opgebouwd en die is er gelukkig nog steeds.

Wim heeft een fantastische carrière achter de rug waarin hij veel heeft meegemaakt. Door alles wat hij meegemaakt heeft is hij wijs geworden maar gelukkig niet bedorven. Het is geheel in de stijl van Wim Kieft om zijn carrière zelf op het hoogtepunt te beëindigen en ik weet zeker dat hij ook in de toekomst zijn weg zal weten te vinden.

Ik wens hem, Sylvia en zijn familie heel veel geluk in de toekomst.

Frank Arnesen

De meeste pagina's worden gevuld met kranten- en tijdschriftartikelen. Hij was populair bij journalisten. Volgens Hugo Camps had Willem Kieft 'een zweepje in de mond'. Hij leverde originele uitspraken en ze mochten hem altijd alles vragen.

Over voetbal ('De voetbalwereld vind ik gewoon naar. Alleen het voetballen zelf is leuk.' In 1982 tegen *de Volkskrant*).

Over discriminatie ('Er is één keer wat gebeurd, in Amsterdam. Sylvia zat aan de bar en er kwamen drie gasten binnen, die heel vervelend deden. Syl zegt tegen mij: geef die jongens toch een drankje, daar zijn ze op uit. Zegt die jongen: sinds wanneer mogen zwarten ook wat zeggen? Toen kreeg ie een hoek van me.' In 1990 in *NRC Handelsblad*).

Over bekendheid ('Nergens kan ik komen of er wordt op mij gelet. Ik word ook altijd wantrouwend als de mensen mij lief en aardig vinden en het eerste gespreksonderwerp voetbal is. Ik wil gewoon niet het middelpunt zijn.'). Over alles.

Het beste interview komt uit *Vrij Nederland*. 'Afscheid van een gentleman', staat er boven het stuk van journalist Frans Oosterwijk. En daaronder, in grote letters: Raak Wim Kieft in zijn trots en hij ontploft.

Het is een prachtig verhaal. Dat komt omdat hij daarin vrijuit spreekt, ongeremd, onafhankelijk. Soms is hij hard. Over Aad de Mos bijvoorbeeld ('Na drie dagen hadden we al door wat we aan hem hadden. Onbetrouwbaar.'). Hij spreekt over PSV en Ajax ('Wat ik absoluut een charme van PSV vind, is dat het geen engerds zijn. Ajax is lange tijd een heel enge club geweest. In de tijd van Harmsen, Bartels. En in mijn ogen beginnen ze langzaam aan weer eng te worden.'). En over zijn gevoelsleven ('Ik lijk precies op mijn vader. Ik vraag me soms af: waarom ben ik godverdomme zo ingetogen, waarom kan ik zo moeilijk tonen dat ik van iemand hou?').

Ergens op het einde van het interview blikt Wim Kieft ook alvast vooruit op de toekomst. Dan zegt hij: 'Ik heb het gevoel dat het allemaal wel goed komt. Ondanks dat twijfelachtige en mijn gebrek aan zelfvertrouwen. Ik kan niks volgens mezelf, maar in mijn achterhoofd heb ik toch ook het gevoel: het komt wel goed. Zoals het altijd goed is gekomen.'

Schaamte

-Hoe gaat het vandaag?

-'Nou, eerlijk gezegd niet zo lekker.'

-Wat is er dan?

'Ik weet het niet. Dat is het juist. Ik heb een heel onbehaaglijk gevoel. Vanbinnen voel ik me angstig, opgejaagd, nerveus. Ik weet niet precies wat ik voel, maar het is niet prettig. En ik weet ook niet precies waar het nu door komt. Het enige dat ik weet is dat er een hoop verdriet in mij zit.'

-Je schaamt je.

'Heel erg. Naar mijn kinderen natuurlijk. Naar hun moeders. Naar mijn eigen moeder. Naar alle vrienden die me hebben geprobeerd te helpen en die ik heb teleurgesteld. Sommige mensen heb ik zó laten vallen dat ik ze niet eens meer onder ogen durf te komen.'

-Frank Arnesen.

'Frank zeker. God ja, daar schaam ik me echt voor. Zo'n aardige jongen. Bij PSV werden we echt vrienden. We waren lange tijd heel close met elkaar. Ook met zijn vrouw, op wie ik vroeger zelfs stiekem een beetje verliefd was.'

-Tot zijn vijftigste verjaardag aanbrak.

'Het was in Kopenhagen. Ik had xtc geslikt. Aan tafel ging ik aan de witte wijn. Maar ik voelde gelijk al: dit is niets voor mij hier, tussen al die mensen die ik niet ken, die allemaal zo vrolijk doen. Het is heel gek bij mij, maar op dat soort momenten krijg ik soms een onbeheersbare behoefte om te vluchten. En dat doe ik dan dus ook. Terwijl ik weet dat ik het niet kan maken, doe ik het toch. Dan ben ik opeens weg. Heel asociaal. Ik schaam me er na afloop ook voor. Maar ik kan het niet tegenhouden. Ik moet weg, weg, weg! Pats! Ik ben van nature al heel impulsief en dat wordt natuurlijk ook nog versterkt door gebruik. Dan ga ik gewoon weg, terwijl ik weet dat het niet kan. Ik heb het ook gedaan op de bruiloft van Wilfred Genee. Daar sta ik dan een halfuur, maar daarna kan ik het niet meer. Al zou ik er drie flessen witte wijn bij drinken, dan nog kom ik niet los. Ik vraag me heel vaak af wat dat toch is.'

-In het geval van Arnesen kostte het je een dierbare vriendschap.

'Ja. Lul die ik ben. Op weg naar de uitgang liep ik Frank ook nog tegen het lijf. "Waar ga jij nou heen?", vroeg hij.

"Weg," zei ik, "weg." En ik ben zo de deur uit gelopen. Frank heb ik daarna nooit meer gezien. Daar baal ik tot op de dag van vandaag verschrikkelijk van, hoewel ik me zou schamen als ik hem nu onder ogen moest komen. Het was helemaal mijn eigen schuld, maar het doet me nog steeds veel pijn dat we elkaar nooit meer zien.'

STAPPENWERKBOEK NARCOTICS ANONYMOUS
Stap 6, bladzijde 68

VRAAG 14
-Waarom heb ik geprobeerd mijn gevoel uit te schakelen?
'Is rotgevoel. Wil me niet steeds zo voelen. Paniek. Onrust. Kom tot niets meer. Word onaardig, rusteloos, bang, onzeker.'

'Fred Rutten is een goed mens. Écht een goed mens'

De eerste die Wim Kieft direct aanspreekt op zijn alcoholgebruik, is Fred Rutten. Het gebeurt op een avond in Eindhoven. 'Fred was trainer bij PSV. Hij had mij bij de club gehaald als spitsentrainer. We kenden elkaar niet erg goed, maar het klikte vanaf het begin. Fred is een goed mens. Écht een goed mens. Toch heb ik heel vaak vreselijk tegen hem gelogen, net als tegen Kees Jansma, ook een vriend. Dat zit me enorm dwars. We gingen in onze trainerstijd soms met elkaar ergens iets eten. Op een avond zag hij mij het ene glas witte wijn na het andere achteroverslaan. Toen zei hij tegen mij: "Volgens mij heb jij een alcoholprobleem." Zo begon het.'

'Over drugs werd toen nog niet gesproken. Dat kwam later pas, toen ik hem een keer wat geld te leen vroeg. Ik had schulden bij een dealer en moest die op een maandag betalen. Ik vroeg Fred om geld en loog dat het was om mijn hypotheek te betalen, dat ik anders uit mijn huis zou worden gezet en dat soort gelul. Maar Fred had me door. En hij werd kwaad. Echt kwaad. "Je zit me gewoon voor te liegen," zei hij. Fred is zó goed, jongen. Hij deed precies het juiste. Hij nam afstand, begon heel kil te doen. Dat werkt bij mij. Als iemand plotseling heel afstandelijk tegen je gaat doen, terwijl je weet dat ie het beste met je voorheeft, dan voel je je enorm betrapt. Op het einde zei hij: "Oké, ik ga je helpen. Maar dan wil ik wel eerst een afspraak met jou." Toen zijn we bij elkaar gekomen, met Kees Jansma en Johnny van Vliet erbij. Eerst hebben we over mijn drankgebruik gepraat. Daarna zei hij: "Oké, maar ik moet nog iets van je weten. Er gaan veel geruchten. Gebruik je ook cocaïne?" Die avond heb ik dat voor het eerst aan iemand toegegeven. Fred is zo iemand die dat bij je oproept. Gewoon, omdat je voelt dat hij het beste met je voorheeft. Hij zei dat hij me wel wilde helpen met alles, maar alleen als ik me zou laten opnemen. Hij kende een afkickkliniek in Best, vlak bij Eindhoven. Daar had hij als trainer van Vitesse ook Jonathan Reis al eens naartoe gebracht. Ik heb daar toen mee ingestemd. Hoewel je het eigenlijk niet wilt zien van jezelf, en je blijft ontkennen dat je een probleem hebt, moest ik toen wel aan mezelf toegeven dat mijn gebruik onbeheersbaar was geworden.'

'Een paar dagen later meldde ik me bij de kliniek voor een gesprek met de leiding. Ik ging via de achterdeur naar binnen, om niet herkend te worden. De eerste keer had ik nog de illusie dat ik het met behulp van hun medicijnen verder wel alleen kon. Een misverstand, daar kwam ik al snel achter. Ik moest me laten opnemen. Dat was de enige manier. Zeven weken heb ik daar gezeten, dag en nacht. Het deed me lichamelijk heel goed om zo lang niet te gebruiken. Maar toen het programma was afgelopen en ik weer buiten stond, moest ik het alleen zien te rooien. Dat was bijna niet te doen, zonder hulp. Ik heb het een tijdje volgehouden, tot ik in een overmoedige bui weer een glas witte wijn nam. Toen ging het al snel weer bergafwaarts met me.'

Eng

-Hoe lang heb je het de eerste keer volgehouden?
'Clean blijven? Ik schat een maand of vijf. Toen viel ik weer terug in mijn gebruik.'
-Was daar een aanwijsbare reden voor?
'Het is gewoon ontzettend zwaar om het vol te houden. Die zucht naar drugs die je voelt, die is niet te negeren. Elk moment van elke dag denk je maar één ding: ik wil gebruiken. En daar moet je de hele tijd tegen knokken. Dat is heel zwaar. Echt een hel.'
-Had je hulp?
'Ik ging eens per week terug naar de kliniek om te praten. En ik slikte pillen tegen mijn zucht. Baclofen.'
-Hielp dat?
'Nee, geen flikker. Ik werd er alleen maar heel sloom van. Dus ik ging er steeds meer van innemen, om maar niet dat onrustige gevoel van willen gebruiken te hebben. Tot ik op een morgen mijn ogen opendeed en me niet meer kon bewegen. Toen was ik te ver gegaan. Baclofen is ook een spierverslapper. Ik had zo veel genomen, dat ik niet eens uit bed kon komen. Het lukte gewoon niet.'

-Raakte je in paniek?

'Nou, ik moet eerlijk zeggen: ik was inmiddels wel wat gewend, maar dit was best eng.'

-Waarom kun je nu wel clean zijn en toen niet?

'Ik kan nu tegen mezelf zeggen: de eerste snuif die ik neem is fataal. Dan is mijn zucht naar dat spul weer getriggerd, dan neemt mijn zelfvertrouwen af en dan begint alles weer opnieuw. Dat is de aard van de verslaving: dat je niet meer kunt stoppen. Dat is een dwangmatigheid die je hebt ontwikkeld. Je bent compulsief. Ik heb nog steeds de hele dag die gedachten in mijn hoofd. Maar ik probeer ze te controleren, er niet op in te gaan. Want zodra je weer begint, ben je weer terug bij af. Het is niet zo dat je weer met een pakje in de week begint en een flesje wijn. Nee, je begint op het niveau waarop je bent gestopt: vier pakjes en drie flessen wijn per dag.

STAPPENWERKBOEK NARCOTICS ANONYMOUS
Stap 3, bladzijde 33

VRAAG 18
-Hoe is mijn Hogere Macht werkzaam in mijn leven?
'Macht groter dan mijzelf heeft me bijna vernietigd. Macht groter dan mijzelf brengt me in herstel.'

'Ik ben nogal sfeergevoelig, had ik dat al verteld?'

'De tweede keer in de kliniek was het einde van 2012. Ik was volledig naar de klote. Mijn dochter was ingetrokken bij mijn ex, mijn vriendin wilde me niet meer zien, ik had alleen maar schulden, alles liep fout. Ik was helemaal alleen. Na een tijdje wil niemand natuurlijk meer bij je zijn. Logisch. Lekker gezellige gozer ben je, maar niet heus. Mijn woning was een chaos. Ik was net verhuisd, maar dat was ook niet al te vlekkeloos verlopen. De muren waren kaal, de meubels stonden allemaal nog opgestapeld in één hoek van de kamer, het was één grote bende om me heen. Het lukte me gewoon niet om alles in goede banen te leiden met dat zieke hoofd van me. Ik voelde me eenzaam. Toen heb ik vier dagen lang zes flessen wijn per etmaal gedronken en een hele berg coke gebruikt. Tot ik niet meer kon. Op oudejaarsnacht lag ik in m'n eentje naar het vuurwerk te luisteren. Ik was er verschrikkelijk aan toe. Helemaal naar de klote. Gelukkig had ik op een gegeven moment nog wel de helderheid van geest om te denken: het gaat echt niet meer zo. Ik begon me ook serieus zorgen te maken over mijn gezondheid. Toen dacht ik: ik ga nu de kliniek bellen.'

'De vrouw van de kliniek die ik aan de lijn kreeg, heb ik gesmeekt of ik de volgende morgen kon komen. Maar dat ging niet. Het was 1 januari, de boel zat op slot. Ik had daar geen moment bij stilgestaan natuurlijk. Ik had geen notie meer van tijd. Als je maar lang genoeg doorgaat, weet je op het einde niet eens meer of het dag of nacht is.'

'Op 2 januari heeft mijn zwager me als de sodemieter naar die kliniek gereden. Ik was volledig lam op het moment dat ik daar werd afgeleverd, maar ik was er in elk geval en ben ingecheckt. Toen ik eenmaal nuchter was, ben ik eerst iedereen gaan bellen om te vertellen waar ik was en hoe het ervoor stond met mij: mijn ouders, mijn kinderen, mijn partner. Dat was heel triest. Maar ik was blij dat ik het had gedaan. Ook omdat ik voor mijn gevoel wel veilig zat in Best. Ik had in Amsterdam te veel schulden gemaakt bij de verkeerde mensen. Ik had op de pof coke gekocht bij allerlei dealers. Die wilden nu hun geld terugzien, maar ik had geen euro. Het begon serieus gevaarlijk te worden voor mij. Zeven weken heb ik toen in Best gezeten, dag en nacht. Daar ben ik door een heel zware crisis gegaan.'

'De eerste dagen in de kliniek heb ik alleen maar nachtmerries gehad. Mijn slaapritme was volledig in de war. 's Ochtends werd ik ook heel vroeg wakker. Vaak was ik nog doodmoe. Ik werd er behoorlijk onhandelbaar van. Het was allemaal heel luxe in die kliniek, maar koffie kon je pas vanaf zeven uur krijgen. Alles had er een vaste tijd. Zo probeerden ze weer wat structuur in je dagen te brengen. Meestal ging ik tegen zessen de gang op en probeerde ik koffie te bietsen bij een van de schoonmaaksters. Vaak lukte dat wel.'

'De dag begon met een gezamenlijk ontbijt en een soort ochtendgymnastiek. Stond ik daar te rekken en te strekken, met mijn 43 interlands. Daarna kwamen de eerste sessies van de dag. Dat ging zo door tot aan het avondeten. 's Avonds waren we vrij. Maar om elf uur ging de televisie uit en moest iedereen naar zijn kamer. Soms had ik het gevoel dat ik weer op trainingskamp was met Pisa. In die kliniek herinnerde ik me opeens van die lange, hete middagen in het zuiden van Italië. Dan moest je 's middags ook verplicht slapen. In zo'n hotelkamer met van die luiken tegen de zon. Ik knapte er nooit van op. Vaak was ik 's middags bij de tweede training nog steeds chagrijnig. De eerste de beste die dan in mijn buurt kwam, kon gelijk een teringschop krijgen. Ik ben nogal sfeergevoelig, had ik dat al verteld?'

'In de kliniek zaten mensen met allerlei verslavingen. Sommigen waren jong en verslaafd aan blowen en coke. Maar er waren ook oudere mensen. Veel alcoholisten en oud-militairen. Die waren in Libanon of Srebrenica geweest. Ze hadden daar traumatische dingen meegemaakt. Er zaten ook mensen met eigen bedrijven bij, kansloze jongeren, gokverslaafden... Het gekke is dat je al heel snel nalaat te oordelen. Je kijkt ook al snel nergens meer van op. Je hoort mensen soms de meest verschrikkelijke verhalen vertellen en je voelt eigenlijk alleen maar empathie. Alleen de seksverslaafden zijn een uitzondering. Daar heerst nog wel een soort taboe op binnen de kliniek.'

'De eerste keer deed ik nog mee aan van die groepsessies. Maar daar ben ik de tweede keer dat ik in de kliniek terechtkwam mee gestopt. Omdat ik een bekende kop heb, werd ik elke keer zo bekeken. Ik voelde me niet veilig. Op zulke momenten zit je bekendheid je wel even in de weg. Kijk, het merendeel van de mensen in zo'n kliniek is in de omgang net als jij en ik. Maar er zitten er ook altijd een paar tussen die nog onhandelbaar zijn. Die kunnen zich niet aanpassen. En je hebt er natuurlijk ook een paar bij die steeds over voetbal willen lullen. Daar heb ik in het gewone leven al weinig zin in, maar daar helemaal niet. Ik had wel iets anders aan mijn hoofd dan die kopbal tegen Ierland. Op een dag kwam Frénk van der Linden binnen, die interviewer. Hij ging op bezoek bij iemand. In dat soort gevallen werd ik van tevoren door de leiding gewaarschuwd. "Blijf voor de zekerheid maar even op je kamer als je je privacy wilt behouden," zeiden ze dan. Heb ik een hele middag op mijn bed die Frénk van der Linden liggen vervloeken.'

'De eerste dagen van je opname word je rustig gehouden met kalmeringsmiddelen. Je krijgt detox toegediend. Dat helpt de drugs geleidelijk aan af te bouwen in je lijf. Het is te gevaarlijk om er van het ene op het andere moment mee te stoppen. Voor je hart. Die eerste dagen weet je van niks. Je eet en je slaapt en verder onderga je alles gedachteloos. Als in een roes. Het gekke is dat je binnen die muren geen enkele drang voelt te gebruiken. Je komt in een heel ander leven terecht. Je zit relatief veilig, hebt geen prikkels van buitenaf, leeft heel gezond en ziet jezelf opknappen. Na tien dagen voel je je geweldig. Lichamelijk dan. Maar na twee weken komt meestal de mentale tik, omdat je dan de realiteit onder ogen gaat zien. Want het is en blijft natuurlijk wel een vernedering om daarnaartoe te moeten.'

'Ik ging al snel weer naar mijn werk, dat was het enige dat ik nog had. Maar eigenlijk moest je het weekend binnenblijven. Pas na twee weken mag je voor het eerst naar buiten. Ik weet nog goed dat ik met twee gasten naar een winkelcentrum ging. Man, wat een belevenis. Het was net *One Flew over the Cuckoo's Nest*. Als je twee weken niet onder de mensen bent geweest en alleen maar heel traag hebt hersteld, dan komen er nogal wat prikkels op je af in zo'n winkelcentrum. En ook zoiets: overal zie je drank. Het valt je dan pas op, maar het is echt zo: alcohol is overal. Ik was doodmoe toen ik terugkwam in de kliniek. En ontzettend opgelucht. Het was een kleine stap, maar we waren in elk geval niet linea recta de Gall & Gall in gelopen. Dat vond ik al heel wat.'

Meditatie

-Hoe gaat het, Wim?

'Nou, ik doe mijn best.'

-Hoe dan?

'Meditatieles.'

-Aha.

'Jongen, ik heb vanochtend nog gedanst met vier huisvrouwen en twee geflipte Baghwan-aanhangers. Hand in hand, in een cirkel.'

-Goh.

'Ja.'

-Mag ik de volgende keer mee?

'Nou, wat denk je zelf?'

STAPPENWERKBOEK NARCOTICS ANONYMOUS
Stap 3, bladzijde 30

VRAAG 1
-Waarom staat het nemen van een beslissing centraal bij het werken aan deze stap?
'Omdat is gebleken dat mijn eigen wil destructief is en de zorg voor mijzelf onvoldoende blijkt te zijn, kan mijn eigen leven niet goed regelen. Daarbij moet ik veranderen.'

'Ik kon nog maar één stap dieper en dat was onder de grond'

'Ik ben in totaal drie keer in de kliniek geweest. De derde keer was het aller- allerergst. De directe aanleiding was het overlijden van mijn vader. Hij had een zwaar sterfbed. Uiteindelijk is hij gestikt. Ik vond het vreselijk, maar ik was op de een of andere manier wel dankbaar dat ik hem in zijn laatste dagen nog in nuchtere toestand onder ogen kon komen. Op de dag van de begrafenis vertelde mijn vriendin me dat ze genoeg van me had en inmiddels ook regelmatig op de koffie ging bij iemand anders. Dat was te veel voor mij. Ik ben toen direct na de plechtigheid naar Best gegaan. Uit voorzorg. Ik dacht: dit gaat fout.'

'Toen ik daar aankwam, was ik emotioneel geknakt. Het overlijden van mijn vader, mijn vriendin die weg was, mijn eigen lichamelijke en geestelijke toestand, mijn financiële zorgen: het was me opeens allemaal te veel. Ik dacht echt een ogenblik dat ik gek werd. Letterlijk gek, krankzinnig. Alle emoties kwamen tegelijk bij me binnen. Verdriet, pijn, schuld, schaamte, paniek, álles. Dat was een van de meest angstaanjagende momenten die ik ooit heb beleefd. Zo verschrikkelijk heftig, dat het bijna niet uit te leggen is.'

'Die eerste dag in de kliniek heb ik de leiding gebeld. "Ik wil dat jullie me nú het zwaarste kalmeringsmiddel geven wat er is, anders word ik gek." Toen zijn ze met vier man mijn kamer binnengestormd en hebben me een paar pillen gegeven om enigszins rustig te worden. Maar echt zware medicijnen krijg je niet. Ze willen juist dat je emoties loskomen, hoe pijnlijk ook. Om aan je herstel te kunnen beginnen, moet je daar doorheen. Het is een onderdeel van het proces.'

'De leiding van de kliniek wilde me eigenlijk verplicht laten opnemen. Die mogelijk hebben ze, wanneer je een gevaar voor je eigen leven bent. Dan vragen ze een dwangbevel aan om je vast te houden. Maar zover heb ik het niet laten komen. Ik ben na een paar dagen de kliniek ontvlucht. Met mijn laatste beetje geld heb ik op een zaterdagmorgen een taxi gebeld en op het station eerst vier Drambuie's met ijs laten aanrukken. Toen heb ik de trein naar Amsterdam genomen. Halverwege, in Den Bosch, ben ik nog uitgestapt om een fles wijn te kopen. Die was ver voor Amsterdam al op. Bij aankomst heb ik direct weer coke gehaald en heb ik me opgesloten in een kamer van een hotel, ergens langs de A2. Ik herinner me niet eens meer welk hotel. Wel dat ik tussendoor klappen heb gekregen van een cokedealer die nog geld van me kreeg en die had uitgevonden waar ik zat. De rest van de details kan ik me niet meer herinneren, behalve dat de receptionist bij aankomst zei: 'Ach meneer Kieft, wat een eer dat u bij ons wilt komen slapen. We willen u graag upgraden en een suite aanbieden.' Dus daar zat ik dan, met vier flessen Albert Heijn-wijn en een berg coke, helemaal naar de klote, in mijn eigen suite.'

'Toen ben ik echt een paar dagen van de aardbodem verdwenen. Ik was helemaal alleen, niemand wist waar ik was en het enige dat ik deed was drinken en de lift nemen naar de begane grond, waar ik de ene dealer na de andere liet komen. Toen dacht ik echt bij mezelf: dit wordt mijn einde. Ik ga dood. Ik sterf hier in deze hotelkamer, helemaal alleen. En dat was een breekpunt. Het was voor het eerst dat ik echt inzag dat ik totaal machteloos was tegenover dat teringspul. Maar dan ook echt totaal. Zolang je jezelf nog steeds wijsmaakt dat je ongestraft wel kunt gebruiken, of dat je het kunt controleren, ben je niet te helpen. Maar nu zag ik in één keer de realiteit. Een Rude Awakening, zo noemen ze dat bij de NA. Het was vreselijk, echt verschrikkelijk erg. Plotseling zag ik in dat alles om me heen aan het instorten was. Dat ik alles wat me lief was dreigde te verliezen, inclusief mijn eigen leven. Angstaanjagend. Maar van die ervaring leer je uiteindelijk het allermeest. Nu zag ik opeens in hoe diep ik was gezonken. Dat ik nog maar één stap dieper kon en dat was onder de grond, in een kist.'

'Na de tweede nacht ben ik vertrokken uit het hotel.

Ik weet niet eens hoe en wie er voor me betaald heeft, maar op een gegeven moment was het klaar en ben ik die kamer uit gegaan. Je lichaam zegt na zo'n exces vroeg of laat kennelijk toch stop. Ik kon ook niet meer. Soms heb je kennelijk gewoon genoeg gehad. Dat is mijn geluk geweest. Want als ik nog meer had gewild, zat ik nu nog in die suite. Of dan was ik dood. Toen ik langzaam weer nuchter werd, realiseerde ik me pas echt goed in wat voor hel ik eigenlijk was beland. Dat was heel heftig. Dan liep ik op straat en moest ik echt even ergens gaan zitten, want dan kwam alles aan pijn en emoties tegelijk binnen. Heel eng. Ik ben een nuchtere jongen hoor, maar daarvan raakte ik volledig in paniek.'

'Uiteindelijk ben ik toch weer teruggegaan naar de kliniek. Met hangende pootjes natuurlijk, want ik schaamde me rot. Die mensen hadden er alles aan gedaan om mij van mijn probleem af te helpen en ik was gewoon gevlucht. Zonder te betalen, ook dat nog. Ik kon wel door de grond zakken toen ik mijn behandelaars weer onder ogen moest komen. Mijn vertrouwenspersoon was ook echt in paniek geweest. "Je bent echt hopeloos, Wim," zei ze. "We begrijpen het allemaal wel, maar we vinden

eigenlijk dat jij niet te helpen bent. Dit keer ben je echt te ver gegaan. Het is een godswonder dat je nog leeft."
Ik schaamde me kapot, want ze hadden nog gelijk ook. Dat was heel confronterend.'

'Ik weet nog dat ik uit radeloosheid toen een stukje ben gaan wandelen. Ik liep een zandpaadje in en kwam terecht in het bos. Daar ben ik toen tegen een boom aan gaan zitten, met mijn handen over mijn hoofd, alsof ik mezelf zo kon beschermen. Het sneeuwde, het was donker, ik was helemaal alleen, in paniek, en wist bij God niet meer wat ik moest doen. Alle angsten en emoties die ik jarenlang had verdoofd kwamen toen in één keer bij me binnen. Het is onbeschrijfelijk hoe slecht ik me toen voelde. Zó eng om mee te maken. Ik heb daar toen verschrikkelijk zitten huilen in dat bos. Het was een van de ergste momenten in mijn leven.'

Wim Kieft zucht. De lobby van het College Hotel is inmiddels leeg. Buiten is het al aan het schemeren. Zijn koffie is koud geworden, van de appeltaart zijn alleen nog een paar kruimels over.
'Lekker verhaal, hè?'

Hij gaat met zijn vinger over het bordje en likt 'm af.

Er vallen een paar kruimels op de grond. Daarna brengt hij het bordje naar zijn gezicht.
Hij haalt zijn neus diep op, net als vroeger.
Een grote grijns.
'Lekker, die poedersuiker.'

Real Madrid

'Zal ik je eens iets geks vertellen?'
-Graag.
'Ik heb ooit bijna bij Real Madrid gespeeld.'
-Pardon?
'Ja, ik weet dat het gek klinkt, maar toch scheelde het echt weinig. Het was in mijn jaar bij Bordeaux. Een drama was het daar. We hadden goede spelers, maar verder was het een bende in Frankrijk. Ik bakte er zelf ook niet veel van. Er was veel onrust, vooral buiten het veld. De club ging failliet. Of dat iets met mij te maken had, weet ik niet.'
-Kreeg je wel je geld?
'Nee. Ik geloof dat ik dat seizoen één maand ben betaald.

De rest van de tijd liep ik voor niks te voetballen. Dat kwam de motivatie ook niet ten goede. Op het einde van het seizoen hield ik me vaak op vrijdag geblesseerd. Tenminste, als er een uitwedstrijd op het programma stond.'

-Hoezo?

'Vliegangst. Ik had natuurlijk weer de pech dat mijn club elke uitwedstrijd per vliegtuig deed. Twee van die kleintjes, waar twaalf personen in pasten. Hup, naar Auxerre. Hop, naar Parijs voor de topper tegen Paris Saint-Germain. Ik werd er gek van. Elke vlucht weer was ik als de dood. Meestal ging ik in het bagageruim zitten. Alleen, met een koptelefoon op. En maar hopen dat de reis snel voorbij zou zijn.'

-En dus hield je je maar geblesseerd?

'Ja, kon ik thuisblijven. Ik ben in Frankrijk maar twee keer echt geblesseerd geweest. Een keer brak ik mijn arm, ik weet niet meer tegen wie. Montpellier of zo, of Saint-Étienne, ik heb geen idee. Ik kan me niet één competitiewedstrijd meer herinneren uit mijn Franse tijd, dat is ook zo gek. Naast die gebroken arm heb ik ook een keer een liesblessure op de training opgelopen. En toen belde Leo

Beenhakker dus op, destijds de trainer van Real Madrid. Of ik zin had om naar Bernabéu te komen.'

-Je weet zeker dat hij geen grapje maakte?

'Nee, hij meende het. Ik was zelf ook verbaasd natuurlijk. Ik hoor het hem nog zó zeggen aan die telefoon. "Witte, je moet me helpen. Ik heb je nodig. Kom naar Madrid. Het enige dat je hier hoeft te doen is dat grote hoofd van je tegen de voorzetten van Butragueño en Hugo Sanchez zetten." Ik wist niet wat ik hoorde. "Ben je fit?", vroeg ie. "Probeer het dan zo snel mogelijk rond te maken met die club van je." Ik was serieus geblesseerd en stierf van de pijn, maar uiteraard heb ik tegen Beenhakker gezegd dat ik topfit was en dat ik eraan kwam. '

-En toen?

'Toen brak het glorieuze moment aan dat ik het de trainer en de voorzitter van Bordeaux ging vertellen. "Ik wil hier weg," zei ik, "want ik krijg mijn poen niet. En ik kan trouwens naar Real Madrid." Had je dat hoofd van die mannen moeten zien! Het ongeloof in die ogen! Een geblesseerde spits die nooit scoort komt ze vertellen dat hij naar Real Madrid gaat. Dat hadden ze nog nooit meegemaakt.'

-Maar?

'Maar niks. Ik heb daarna nooit meer iets van Beenhakker gehoord.'

-Hé?

'Ach ja, zo gaat dat.'

-Later ook nooit meer met hem erover gehad?

'Nee, eerlijk gezegd niet. We hebben er nooit meer over gesproken. Dat vond ik ook lullig voor hem. Ik wilde hem niet in verlegenheid brengen. Zo ben ik. Zeker richting Beenhakker.'

STAPPENWERKBOEK NARCOTICS ANONYMOUS
Stap 4, bladzijde 43

VRAAG 5
-Ben ik bang om aan deze stap te werken? Waar ben ik bang voor?
'Ja, ben bang dat de pijn en verdriet die ik in het verleden heb gehad weer terug zullen komen.'

'Je bent de koning van de ontkenning'

Zeven weken had Wim Kieft doorgebracht in de kliniek in Best, toen hij op een vrijdagavond eindelijk weer thuiskwam in Amsterdam. Daar vond hij een bericht van zijn vaste dealer. Die kreeg nog elfduizend euro van hem. Helaas stond hij er in het circuit niet om bekend dat hij eerst een aanmaning stuurde. In plaats daarvan had hij zijn boodschap met een mes ingekerfd in de voordeur van W. Kieft. Er stond één woord, in grote hoofdletters: DOOD !

'Nou, dat was lekker thuiskomen. Ik was natuurlijk ook naar die kliniek gevlucht omdat het er veilig was.

In Amsterdam was het toch een beetje link aan het worden. Daarom was het wel goed om even zeven weken te verdwijnen. Maar na een paar uur werd er al aangebeld. Het was een uur of half elf 's avonds. Hoe die gozer zo snel wist dat ik weer in de stad was is mij een raadsel, maar hij stond voor mijn deur. Met een pistool. En mijn oudste dochter stond achter me in de deuropening. Lekker allemaal. Toen heb ik mijn ouders gebeld en heb ze echt op mijn knieën gesmeekt om geld. Zij hebben me toen geholpen, anders waren de problemen wel heel groot geworden. Dat gedoe met die dealer begon eng te worden. Ik werd bang. Ik liep in die dagen ook altijd met een mes bij me over straat.'

Hij schudt zijn hoofd in ongeloof.

'Een mes... Het is onbegrijpelijk in wat voor wereld ik toen leefde. Ik had alleen maar gedachten als: hoe kom ik aan mijn spullen? Hoe kom ik aan geld? Als het straks op is, waar kan ik meer krijgen? Wat doe ik als ik wakker word en het is uitgewerkt? Heb ik dan voldoende drank in huis? Dat soort dingen, jongen. Je loopt met een capuchon over straat, omdat je niet wilt dat mensen het aan je zien. Je bent constant moe want je slaapt niet meer. Je hebt honger, omdat je het geld voor de boodschappen hebt opgemaakt aan die rotzooi. Je bent van alles aan het verbergen, ook voor de mensen van wie je houdt. Maar vroeg of laat komt het toch uit. Je wordt onvoorzichtig. Je drang wordt te groot om de risico's nog goed te kunnen beoordelen. Je gaat op straat snuiven, je gaat er in cafés openlijk om vragen. Want een van de kenmerken van een zware verslaving is niet kunnen of willen zien dat iedereen het allang doorheeft. Je bent de koning van de ontkenning.'

'Je hebt zelf niet door hoe je bent veranderd. En hoe de mensen met wie je je omringt zijn veranderd. Je komt in contact met steeds slechtere mensen. Criminelen. En zelf word je ook steeds egocentrischer, steeds agressiever en onvoorspelbaarder. Er zijn zo veel dingen gebeurd, jongen... '

'Ik was op een middag bezig met verhuizen. De auto die ik had geleend stond heel even dubbel geparkeerd. Begon er zo'n vent achter me gelijk te toeteren. "Jij denkt zeker dat je alles kunt maken omdat je voetballer bent?", roept die kerel. Dat maak ik mijn hele leven al mee, dat soort dingen. Alle voetballers, trouwens. Meestal gleed het automatisch van me af. Maar dit keer ontplofte ik. Ik liep naar die auto, rukte het portier open en béng, zo'n Zlatan-achtige karatetrap. Vol op de borstkas van die man. Volkomen absurd natuurlijk.'

'Een andere keer ging ik eten in restaurant Casa di David op het Spui. Het sneeuwde heel erg. Ik had niets gebruikt, alleen gedronken. Ik loop met een vriendin naar buiten, stopt er net een taxi voor de deur. Achter het stuur een Marokkaanse chauffeur met een foute bril. Net op het moment dat we willen wegrijden, komt er een mevrouw met een kinderwagen aangerend, in de sneeuw. Ze bleek die taxi te hebben besteld. Dus ik maak aanstalten om die taxi weer uit te klimmen, schreeuwt die chauffeur: "Jij niet gebeld? Jij taxi uit!" Op zo'n heel dwingend toontje ook. En toen werd ik me toch kwaad, jongen. Echt heel kwaad. "Ik ben je hondje niet!", schreeuwde ik naar die vent. Maar hij bleef maar doorgaan. "Taxi uit! Taxi uit!" Toen ben ik uitgestapt en heb hem zelf uit zijn taxi gesleurd. Werd het een vechtpartij. Ik duwde hem op een gegeven moment achterover, zo'n laag bediendenportiek in. Daarna vluchtte hij naar zijn auto en ging voor hulp bellen. Een jongen van het restaurant kwam naar buiten, pakte de telefoon af en gooide die in de gracht. Vijf minuten later kwamen er van allerlei kanten Marokkaanse jongens op scooters op me af. Ben ik weggevlucht. Maar ter hoogte van boekhandel Scheltema werd ik al ingesloten door drie politiebussen tegelijk. Moest ik mee naar bureau Lijnbaansgracht. Stond ik daar, tussen allemaal criminelen en die schreeuwende Marokkaanse taxichauffeur met die foute bril. Wat dat betreft is het een wonder dat dit soort verhalen niet eerder zijn uitgelekt. Ik kreeg geen proces-verbaal. Wel heb ik moeten schikken voor die telefoon.'

'Met die andere vechtpartij heb ik nog een hoop gezeik gehad. De zoon van de man die ik had geschopt, ging me bedreigen. Het begon ermee dat ik twee weken lang werd achtervolgd door van die gasten op scooters. Daarna werd ik een paar keer klemgereden, in de stad. Dan zeiden ze dat ik aan de beurt zou komen, dat ze wisten waar mijn kinderen op school zaten. Best eng. Na een tijdje werd ik gebeld door een gozer die zich voorstelde als tussenpersoon van de familie. Hij wilde afspreken. Zat ik daar in zo'n grand café bij de RAI. Hij zei dat hij als woordvoerder optrad en dat de familie vijfduizend euro schadevergoeding wilde. Omdat ik de vader letsel had toegebracht. Ze dachten natuurlijk: ex-voetballer, veel geld. Wisten zij veel? Toen werd ik wel angstig. Ik dacht: waar eindigt dit? En hoe serieus is dat gelul over mijn kinderen? Uiteindelijk heb ik zelf wat mensen ingeschakeld, want ik wist inmiddels ook de weg in het circuit. Zij hebben het voor mij opgelost. Zonder dat ik hoefde te betalen. In zo'n wereld leefde ik toen. Absurd.'

Groenteboer

'Toen ik nog cocaïne gebruikte, moest ik er ook altijd voor zorgen dat er voldoende alcohol voorhanden was. Dat gebruikte ik als een soort vangnet. Als de coke op was, had ik in elk geval nog de drank om me te verdoven en me over een mentale drempel te helpen. Ik probeerde er altijd voor te zorgen dat er nog iets in de fles zat voor de volgende ochtend. Dat gaf me een geruststellend gevoel.'

-Wat gebeurde er als je het niet had?

'Dan werd ik gek. En dan deed ik alles om er zo snel

mogelijk aan te komen. Want dat is het gekke met die verslaving: je komt over het algemeen tot niets meer en bent helemaal niet creatief, maar als het aankomt op het bevredigen van je behoefte om te gebruiken, dan word je ontzettend vindingrijk. En zo schaamteloos als de pest.'

-Ja?

'Echt waar. Het kan je allemaal niets meer schelen, jongen. Als je maar krijgt wat je wilt. Ik klopte gewoon om zes uur 's ochtends aan bij zo'n kruideniertje die net zijn winkeltje aan het inruimen was. Probeerde ik een paar flessen wijn los te krijgen. "Ja, we hebben een feestje thuis en we gaan nog even door," zei ik dan. En dan snel naar huis en al die flessen in je eentje achter elkaar opdrinken. En weet je wat nu het meest verbazingwekkende is?'

-Nou?

'Dat je niet eens de triestheid van je eigen gedrag kon onderkennen. Dat je nu pas inziet hoe gestoord je toen bezig was. Dat is het gekste van alles.'

STAPPENWERKBOEK NARCOTICS ANONYMOUS
Stap 1, bladzijde 10

VRAAG 42
-Nam ik drugs, of handelde ik op een andere manier naar mijn verslaving, om mijn gevoelens te veranderen of te onderdrukken? Wat probeerde ik te veranderen of te onderdrukken?
'Gebruiken omdat je je kut voelt of onmachtig bent om dingen positief te zien. Wanhoop.'

'Lul die ik ben'

Op een dag ziet televisiekijkend Nederland de held van Gelsenkirchen plotseling met een geit in zijn armen over een Ethiopische bergpas rennen. Geheel tegen zijn natuur in neemt Wim Kieft dan deel aan het EO-avonturenprogramma *De Pelgrimscode*. Aan het eind van de opnames, halverwege de terugweg uit Afrika naar huis, gebeurt het. Dan breekt zijn wilskracht voor de tweede keer.

Uitgerekend die dag heeft het personeel van Lufthan-

sa besloten te staken. Samen met acteur Sjoerd Pleijsier en presentator Bert Kruizenga strandt Kieft in Israël. Hij moet er blijven overnachten.
In bruisend Tel Aviv.
Op zaterdagavond.
In een geheel door Lufthansa gefinancierde hotelsuite.
Van vijf sterren.
Met een gratis fles champagne als welkomstcadeau.
En een minibar zo groot als een museum.

'Ik was uit voorzorg gelijk gaan slapen die avond. Dat was om een uur of zes 's avonds. Tot aan dat moment was alles eigenlijk best goed gegaan. Ik had me zelfs wel vermaakt in Afrika. Het voelde veilig om even uit Nederland weg te zijn. Al was het maar omdat er verdomd weinig coke in Ethiopië is. Ik had er wel een paar biertjes gedronken, maar was niet gelijk door het lint gegaan. En ik had vriendschap gesloten met Sjoerd Pleijsier, de acteur. Mooie kerel is dat. En ik kreeg ook nog wat geld voor mijn deelname. Nee, alles was eigenlijk prima. Tot ik dus wakker werd in die hotelsuite in Tel Aviv. Het was tien uur 's avonds. Vanuit mijn bed had ik uitzicht op die minibar. Buiten hoorde ik de muziek. Toen gebeurde het. De tering, dacht ik opeens. Ik ga hier toch niet de hele avond op mijn bed liggen? Terwijl het buiten, met de muziek en de drank en de...? Nou, toen heb ik me aangekleed en ben ik eerst maar eens naar zo'n strandbarretje gegaan. En daar ging het natuurlijk direct verkeerd.'

'De volgende dag vloog ik businessclass naar huis. Cadeautje van Lufthansa. En toevallig heb ik mijn hele leven altijd één grote hobby gehad: drinken in het vliegtuig. Dus toen heb ik tussen Israël en Amsterdam de ene fles na de andere laten aanrukken. Ik voelde me echt de koning, hoog in de lucht, met mijn dure wijnen en mijn praatjes. Stomdronken kwam ik aan in Amsterdam. Elf uur 's avonds, ook dat nog. Slechter kan niet. Sta je daar opeens, in een leeg huis. Alleen. Je kunt weer doen wat je wilt. Opeens werd de verleiding te groot. Ik kon het niet meer weerstaan. Heb ik de cokeboer gebeld. Lul, die ik ben. Toen begon het weer van voren af aan, die waanzin.'

Drie van Milaan

-Hoe keek jij vroeger aan tegen de drie van Milaan?

'Gewoon, zoals ik ook deed voordat ze naar Milaan gingen. Ik kende Gullit en Rijkaard al van toen we veertien waren. Speelden we met z'n drieën in het Amsterdams jeugdteam. Ik voetbalde al tegen Ruud toen hij nog in de B1 van DWS speelde. Frank kende ik natuurlijk goed door Ajax, zoals ik later ook Van Basten daar leerde kennen. Ik weet nog dat ik een keer naar het tweede elftal zat te kijken, het was de eerste keer dat ik Marco zag. Toen dacht ik al bij mezelf: lekker zo'n joch als concurrent. Dat heb ik weer.'

-Waren jullie allemaal vrienden van elkaar?

'Vrienden is een groot woord, maar er was natuurlijk wel al lang een band. Die is altijd blijven bestaan, ook toen die jongens naar AC Milan gingen en heel groot werden. Ik heb daar altijd zonder afgunst en eerder met bewondering naar kunnen kijken, naar de prestaties van die drie. En het klinkt misschien gek voor iemand die zowel bij Ajax als Oranje concurrentie van hem ondervond, maar ik heb het ook Van Basten altijd van harte gegund. Leuke gozer.'

-Gezien jouw karakter moet je je hebben verbaasd over het zelfvertrouwen dat Gullit uitstraalde.

'Zo was hij al toen hij veertien was. Ik ken hem niet anders. Ik mocht hem altijd wel graag, maar hij was nooit echt één van de jongens. Ruud was altijd anders. Leefde een beetje op zijn eigen planeet. Ik kon altijd goed met hem door één deur, maar door Marco kon ik echt gefascineerd raken. Meer dan door Ruud.'

-Waarom?

'Omdat ik hem interessant vind. Mysterieus. En dan probeerde ik te begrijpen hoe dat hoofd van hem werkte. Want soms had hij heel vreemde gedachtekronkels. Ik herkende daar wel iets in. Jongens als Marco van Basten, dat vind ik boeiende mensen. Omdat er nog iets aan valt te ontdekken. En ik moest altijd vreselijk lachen om dat eigengereide van Marco. Op het WK'90 in Italië lag ik met Frank Rijkaard op de kamer. Van Basten lag dan met Van 't Schip naast ons. "Kom," zeiden Frank en ik dan tegen elkaar, "we gaan effe naar Bassie en Johnny." En dan hadden we al bij voorbaat lol om dat hoofd van Marco. Die had er namelijk nooit zin in als we vlak voor een wedstrijd op bezoek kwamen. Dan deed ie de kamerdeur op een kiertje open, met de ketting er nog op. "Nu effe niet jongens," zei ie dan. Wij: "Ah Marco, doe nou effe open. Effe gezellig praten." Maar mooi dat ie de deur in je gezicht dichtdeed. Dat vond ik altijd wel mooi. Eigenzinnig. Duidelijk. Daar hou ik wel van.'

-Je praat met veel warmte over ze.

'Dat komt omdat ik ons nog steeds zie als de jongetjes die we waren op veertien-, vijftienjarige leeftijd. Een paar Amsterdamse gassies met al hun karaktertrekken en eigenaardigheden, die toevallig aardig tegen een balletje kunnen trappen. Ik heb altijd geprobeerd om die verstandhouding zo lang mogelijk zo te houden. Als je elkaar, ondanks alle *glitter and glamour* van de voetbalwereld, zo kunt blijven zien, zoals het vroeger was, dan is dat echt fantastisch. Dat maakt het voetbalwereldje voor mij leuk.'

-En? Lukt dat?

'Ja hoor. Soms wel. Als ik mijn ogen dichtdoe en denk aan Frank Rijkaard en Ruud Gullit, zie ik tenminste geen doelpunten voor me of acties die ze hebben gemaakt, of de interlands die we samen hebben gespeeld.

Helemaal niet. Ik zie ons dan als jongens van vijftien samen met onze vriendjes Rudi Das en Sjaak de Heer in de Kalverstraat staan of op de Nieuwendijk in Amsterdam, naar binnen glurend bij een peepshow waar we nog te jong voor zijn. En dat beeld is voor mij veel waardevoller dan welk EK of WK ook.'

STAPPENWERKBOEK NARCOTICS ANONYMOUS
Stap 4, bladzijde 48

VRAAG 57
-Welke karaktergebreken spelen vaak een rol in mijn relaties (oneerlijkheid, egoïsme, controle, manipulatie, enzovoort)?
'Wil dat alles om mij draait. Wil eeuwig bevestiging hoe goed ik ben. Luister niet echt naar de ander. Verplaats me slecht in een ander.'

'Ik had me in 1988 bij veel spelers echt onmogelijk gemaakt'

Wie oude beelden terugkijkt van de euforie die in 1988 rond Oranje heerste, ziet zo nu en dan één speler tamelijk chagrijnig door het beeld schuiven. Dat is Wim Kieft.

Voor de meeste Nederlanders die het bewust hebben meegemaakt, is die zomer van '88 er een om in te lijsten. Het was het jaar van de Gullit-petjes op straat. Het jaar van André Hazes met 'Wij houden van Oranje', van de originele een-tweetjes tussen Kees Jansma en Rinus Michels op televisie en van 'Aanvalluh!' Maar voor Wim

Kieft viel er niets aan te vallen. Hij zat bij Oranje op de bank. Als hij geluk had tenminste.

Kieft kon als spits best veel: een bal vasthouden, kaatsen, koppen, een strafschop nemen als het spannend werd. Maar één ding kon hij niet: zich schikken in de rol van reserve. Daarvoor zat zijn trots hem te veel in de weg. Op de bank bekroop hem een gevoel dat de meeste mensen alleen op de elektrische stoel ervaren: een van totale overbodigheid.

Het ergste moment in dat opzicht komt vlak voor de aftrap van de openingswedstrijd tegen de Sovjet-Unie, ergens tussen spelerstunnel en dug-out. Kieft sloft dan richting bank. Naast hem loopt bondsarts Frits Kessel. En dan gebeurt het. Nu nog steeds kun je in de stem van Wim Kieft een spoortje van verontwaardiging terughoren, wanneer hij erover vertelt: 'We lopen de spelerstunnel uit en die Kessel tikt me aan. Hij zegt: "Hé Willem, jij hoeft toch niet in te vallen. Help jij mij effe met sjouwen." Wat denk je? Geeft ie me die waterzak, met die spons erin! Liep ik daar een beetje voor Jan Lul over de sintelbaan van dat stadion, met een spons. Terwijl ik vond dat ik gewoon in het veld had moeten staan. Ja, dat vond ik wel heel erg hoor, dat moment. Daar werd ik heel chagrijnig van, van die waterzak.'

Chagrijnig is een understatement. Wim Kieft voelde zich in 1988 vernederd. Op nog geen vierhonderd kilometer verderop, in Stuttgart, had hij een paar weken daarvoor als PSV'er nog met de Europa Cup I over het veld gelopen. Nu, in Keulen, liep hij als international met een waterzak in zijn hand. Hij kon het zelf amper geloven.

Zijn boosheid sloeg al snel om in cynisme. Kieft ging zaniken, zeuren en zeiken, net zo lang tot iedereen er knettergek van werd. Steeds meer collega's gingen even uit de wind staan als hij weer eens zo'n bui had, hoewel zijn cynisme vaak wel een droogkomische ondertoon had.

In het boek dat Auke Kok over het toernooi schreef, staat die toon mooi beschreven. Het gaat dan over de tafel waaraan Marco van Basten, Wim Kieft, Johnny Bosman en Johnny van 't Schip bij elkaar zitten. Het zogenaamde spitsentafeltje. Op bladzijde 64 staat: 'Relativering was troef aan het spitsentafeltje, mensen moesten vooral niet raar doen of een te hoge dunk van zichzelf hebben. De toon was cynisch, zonder echt meedogenloos te worden. Na een beroerde training kreeg je aan het tafeltje te horen: "Nou dat ging weer lekker hè?" Die toon.' Er worden door Kok geen namen genoemd, maar je hoort het Wim Kieft zeggen.

Aan het spitsentafeltje vervulde iedereen zijn eigen rol. Die van Kieft bestond eruit ironisch commentaar te leveren op alles. De hele zomer van 1988 was hij Waldorf en Statler ineen.

'Ik heb me gedurende het EK'88 zo vervelend gedragen, dat het me twee jaar later bijna het WK heeft gekost. In aanloop naar dat toernooi belde Beenhakker me op. Hij wilde weten hoe ik me zou gaan gedragen wanneer ik ernaast zou komen te staan. "Ga je zitten zeiken, Witte? Net als in '88? Want dan laat ik je lekker thuis," zei Beenhakker. Moest ik hem echt overtuigen dat ik niet weer zo cynisch zou doen. Dat verzoek kwam ook grotendeels vanuit de spelersgroep. Ik had me in 1988 bij veel spelers onmogelijk gemaakt. Met dat negatieve gedoe van mij. Die dachten richting Italië bij zichzelf: "Nee hè? Moet dat stuk chagrijn van een Kieft ook weer mee?"'

'In 1988 sloeg mijn stemming al om in het trainingskamp. Toen begon ik al aan mijn water te voelen dat ik niet de eerste spits was. Terwijl ik had gehoopt dat ik gewoon zou starten op het EK. Ik was heel erg in vorm die zomer. Ik kwam uit een goed jaar. De Europa Cup I gewonnen, weliswaar met draken van wedstrijden, maar toch... Landskampioen geworden, topscorer van Nederland. In aanloop naar de openingswedstrijd gedroeg Michels zich ook heel raar. De afvallers moesten na de bespreking nog even blijven. Zat ik daar opeens tussen Hendrie Krüzen, Wilbert Suvrijn, Sjaak Troost en die andere jongens. Michels nam het woord en legde uit waarom hij zijn keuzes had gemaakt. En op het einde zei hij: "Ik vind het vooral heel vervelend voor Willem." Misschien was het niet zo bedoeld, maar dat vond ik zó'n vernedering.'

Een dag later zat Wim Kieft mokkend op de bank van het Müngersdorfer Stadion, voor de openingswedstrijd tegen Rusland. Hij was daar een van de weinige Nederlanders die hartgrondig hoopte dat Oranje zou verliezen. 'Ja, natuurlijk hoopte ik dat we zouden verliezen. Dat is toch normaal? Ik vind het hypocriet om te zeggen dat het niet zo is. Nee, ik hoopte dat het voorin niet lekker zou lopen. Zeker omdat ik op de trainingen ook nog eens merkte dat Van Basten op dreef begon te raken. Hoewel het gekke is dat ik Marco altijd alles heb gegund. Die jongen was ook zó veel beter dan ik, dan wie dan ook trouwens, daar kon ik me wel bij neerleggen. Ik mocht hem ook graag, Marco. Fijne jongen. Maar ik voelde me wel te goed om op een EK niet bij de eerste zestien te zitten. Dat zag ik als een vernedering. Ik werd boos, opstandig. En zo ging ik me ook gedragen.'

Pech

-Ben je veel met de politie in aanraking geweest?
'Ja, best wel. Maar ik had gewoon ook vaak pech, hoor.'
-Ja, vast.
'Nee, echt. Ik ging een keer op zondagavond uit. Om één uur 's nachts was ik thuis. Toen heb ik een paar uurtjes geslapen, want ik moest om halfzes al mijn toenmalige vriendin ophalen en naar Schiphol rijden. Je gelooft het misschien niet, maar er was net die nacht ingegaan dat haar straat voortaan eenrichtingsverkeer was. Werd ik

aangehouden. Moest ik blazen. Maar ik was nog onder invloed van de avond daarvoor. Kon ik gelijk mee naar bureau Marnixstraat. Zat ik dan, om halfzeven 's ochtends.'

-En? Hoe was het?

'Uitgestorven. Er was helemaal niemand. Alleen een Turkse schoonmaker. Die kwam de gang dweilen. Toen hij mij zag, bleef hij voor mijn cel staan. "Hé, u bekend gezicht!", zei hij. En "Hé, u van televisie!" Daarna dweilde ie weer verder. Het was half negen in de ochtend voordat ze me weer eens loslieten.'

STAPPENWERKBOEK NARCOTICS ANONYMOUS
Stap 10, bladzijde 117

VRAAG 13
-Neem ik mezelf op bepaald gebied te serieus?
'Ja, neem mijn ego te serieus.'

'Tot aan zijn dood heeft Michels erover gezwegen'

Het EK van 1988 was niet alleen uniek omdat Nederland geheel tegen zijn gewoonte eindelijk eens iets won. Het was ook het enige toernooi waarin de bondscoach uitgroeide tot nationaal idool. Wat Karel Lotsy en Bert van Marwijk en Ernst Happel en zelfs de charismatische Leo Beenhakker niet was gelukt, gebeurde in West Duitsland uiteindelijk wel met Rinus Michels. Het schild van de uit graniet gehouwen coach brokkelde na elke overwinning iets meer af, net zo lang tot er een bejaarde knuffelbeer over was. Iedereen smolt weg.

Iedereen, behalve Wim Kieft dan. Hij was ongevoelig voor de imagoswitch van De Generaal. Toen Rinus Michels op een ontspannen feestavond besloot zijn eeuwige hit 'Droomland' te zingen, stond bij sommige spelers het kippenvel op de armen, maar Kieft wist juist niet waar hij kijken moest van plaatsvervangende schaamte. 'Op zijn slechtste momenten vond ik Rinus Michels echt een lul,' zegt hij. 'En een zeer gebrekkige coach. Eentje die in het contact met de spelers nog steeds dacht dat het 1966 was en dat hij het tegen Pietje Keizer had. Ik ben nooit zo weg geweest van die zogenaamd harde of autoritaire aanpak van hem. Ik dacht vaak: kom op man, verdiep je eens in mensen. Niet iedereen is hetzelfde.'

Hij had het in 1988 allemaal liever wat warmer gehad. Al realiseert hij zich ook dat het kennelijk niet anders kon. 'Het zat er gewoon niet in bij die man, een menselijke aanpak. Hij kon niet ontspannen met zijn spelers omgaan. Ik weet nog dat ik in 1988 in West-Duitsland van tafel opstond. Opeens voelde ik van achter me twee handen op mijn schouders. Ik draaide me heel agressief om en keek recht in het gezicht van Michels. Ik zag hem schrikken. Hij moest mij helemaal niet hebben, maar Van Basten of zo, of Bosman of Van 't Schip desnoods.

Maar in elk geval niet Kieft, dat merkte je aan alles. Er hing opeens heel veel spanning in de lucht tussen ons. Dat was een typerend moment. Er was altijd veel afstand. Ik slaagde er in zijn buurt nooit in om echt mezelf te zijn. Dat lag misschien grotendeels aan mij, maar toch ook wel aan hem, hoor. Zelfs na die goal tegen Ierland veranderde er niets tussen ons. Dat had natuurlijk makkelijk gekund. Maar hij heeft daar nooit één woord met mij over gewisseld, over die goal. Gek hè? Het had onze verhouding heel erg goed gedaan als hij na Ierland, ook na alles wat eraan vooraf was gegaan, in elk geval één ding had gezegd. Desnoods in het voorbijgaan, op weg naar het ontbijt in het spelershotel. "Hé vriend, bedankt hè?" Zoiets. Was voor mij meer dan voldoende geweest. Daarmee had hij die afstand kunnen doorbreken. Maar kennelijk wilde hij dat niet. Hij heeft nooit iets tegen mij gezegd over die goal. Ook later niet, wanneer we elkaar ergens tegenkwamen. Tot aan zijn dood heeft hij erover gezwegen. Dat is toch vreemd? Of ligt dat nou aan mij?'

Boomstam

-Je bent een keer bij Michels weggelopen.

'Dat was in 1990. We hadden de traditionele oefenwedstrijd tegen Jong Oranje gespeeld. Een paar dagen later stond de interland tegen Griekenland op het programma. Bij het verlaten van het Olympisch Stadion was Dick Advocaat naar me toegekomen, de assistent van Michels. "Zorg dat je goed uitrust Wim, we hebben je nodig," zei hij. Duidelijker kun je niet zijn, toch? En inderdaad, de maandag daarop in hotel De Kievit in Wassenaar, zet Michels een opstelling op het bord met mij in de spits. "Zo wil ik gaan spelen, wat vinden jullie?", vroeg hij. Toen begonnen opeens al die Ajacieden te koeren. Dat ze liever met Van Basten en Bergkamp speelden en dat ik misschien beter al pinchhitter op de bank kon gaan zitten. Als iemand die iets kan forceren bij een achterstand. "Bij Ajax spelen we ook zo, maar dan met Ron Willems op de bank," zei Bryan Roy, "als het even niet loopt, dan zetten we die boomstam erin." Ik wist niet wat ik hoorde.'

-Het boomstam-incident was geboren.

'Ik was echt kwaad en heb direct besloten weg te gaan.

Ik ben naar Michels en Advocaat gegaan en heb gezegd: "Allemaal leuk en aardig, maar hier doe ik niet meer aan mee. Dat vinden jullie toch niet erg hè? Ik ga lekker naar huis." Daar reageerden ze allebei heel aangeslagen op. Ze vroegen me er nog een nachtje over te slapen, maar dat had geen zin meer. Ik ging weg, terug naar Bordeaux. Mijn geluk was natuurlijk weer dat Oranje een dag later die wedstrijd won. 2-0. Lekker dan. Een doelpunt van Van Basten en een van Bergkamp. Ook dat nog.'

-Toch keerde je vrij snel weer terug bij Oranje.

'Ja. Michels belde op een keer op. We speelden met Bordeaux voor de Europa Cup tegen Magdeburg. Kwam ie opeens kijken. Na de wedstrijd heb ik de hele avond met hem zitten praten. Toen was het in één keer goed tussen ons. Ik waardeerde het erg dat hij het initiatief had genomen om me op te zoeken. "Wil je weer terugkomen bij Oranje?", vroeg hij aan het einde van de avond. En daar heb ik toen ja op gezegd. Toen was alles weer goed tussen ons.'

-Wanneer heb je hem voor het laatst gezien?

'Een keer op een middag in de Cornelis Schuytstraat in Amsterdam, een paar jaar voor zijn overlijden. Ik kwam zijn vrouw Will tegen in een winkel. "Waar is meneer Michels?", vroeg ik. Hij bleek in de auto op haar te zitten wachten. Toen ben ik even naar hem toe gelopen. Het beeld van hem die middag is me altijd bijgebleven. Ik zag een verschrompelde man. Ik vond hem plotseling ontzettend oud. "Meneer Michels, hoe is het me u?", vroeg ik door het raampje. Hebben we even gepraat. Hij was milder geworden, spraakzamer ook.'

-Je voelde geen rancune meer?

'Nee, maar dat heb ik nooit gehad. Als je de spelers om hun mening vraagt en zes man zeggen dat ze liever met iemand anders het veld in gaan, dan kun je als coach geen kant op. Dat heb ik altijd wel begrepen. Ik ergerde me die middag in De Kievit ook niet zozeer aan Michels, maar veel meer aan de dommigheid van mijn ploeggenoten. Dat gelul over boomstam en zo. Dat ze er niet bij stilstonden hoe pijnlijk de situatie voor mij op dat moment was. Dat heeft me altijd nog het meest dwarsgezeten, dat gebrek aan inlevingsvermogen.'

STAPPENWERKBOEK NARCOTICS ANONYMOUS
Stap 4, bladzijde 42

VRAAG 37
-Welke tegenstrijdigheden in mijn karakter maken het voor mij moeilijk om vriendschappen of liefdesrelaties in stand te houden?
'Ben erg onzeker, voel me snel afgewezen.'

'Iets naar voren komen, anders krijg ik de letters van die poort er niet op'

De meeste oud-voetballers ontwikkelen na afloop van hun loopbaan een onbedwingbare neiging hun eigen spelersverleden te romantiseren. Hoe langer het is geleden dat ze nog tegen een bal trapten, hoe beter ze in de herinnering worden. Vraag aan Theo van der Burch van ADO of Coen Moulijn er vroeger ooit weleens langsglipte bij hem, en 'de Kanarie' begint al als vanzelf met zijn kale hoofd te schudden. Het is iets van alle generaties.

Wim Kieft is een van de grote uitzonderingen op die regel. Bij hem geldt het tegendeel. Hij vindt zichzelf ook met terugwerkende kracht helemaal niet zo bijzonder. En over die goal tegen Ierland is hij ook allang uitgepraat. Sterker nog: diep in zijn hart zou hij er nooit meer één woord aan vuil willen maken. Maar dat kan niet. Er is altijd wel iemand die hem erover aanspreekt. Het gebeurt overal, al 26 jaar lang, elke dag. In de supermarkt. Bij de bakker. Midden op straat, halverwege het oversteken. In het café. Op de markt. Bij de kapper. In de file. Bij het tankstation, wanneer het 's ochtends nog donker is en hij sigaretten gaat halen. Zelfs in de stiltecoupé van de trein beginnen ze er vroeg of laat over. Of het nu bouwvakkers zijn, conducteurs, politieagenten, mannen, vrouwen, bejaarden of complete families: allemaal voelen ze vroeg of laat de onbedwingbare behoefte Kieft te herinneren aan iets dat hij zelf nu juist liever vergeet. De meesten zeggen dan dat ze er destijds bij zijn geweest, achter het doel in Gelsenkirchen, en dat ze precies in de baan van de bal zaten.

Het scheelde destijds op de 18e juni heel weinig, of het moment waarover Willem Kieft waarschijnlijk tot op zijn sterfdag zal worden aangesproken, had zich helemaal nooit in het collectieve geheugen van Nederland genesteld. Toen hij na een mislukt afstandsschot van Ronald Koeman vrijwel rechtstandig opsteeg, in de lucht zijn knieën optrok en zijn hoofd tegen de opgestuite bal sloeg, stond op hetzelfde moment Marco van Basten meters buitenspel. Het is dat scheidsrechter Brummeier het driftige gevlag van zijn collega aan de zijlijn negeerde en naar de stip wees, anders had niemand zich de merkwaardige kopbal van Kieft herinnerd, noch het mysterieuze effect dat aan de bal zat en er uiteindelijk voor zorgde dat het een goal werd.

Maar in plaats daarvan weet juist iedereen het nog, en wordt hij minstens één keer per dag door wildvreemden in gedachten teruggevoerd naar de zomer van 1988. Kieft klaagt er nooit openlijk over, maar vermoeiend is het soms wel. Al is hij ook wel wat gewend. 'In mijn tweede jaar bij Ajax werd ik snel volwassen. Ook door de aandacht die ik toen plotseling kreeg. Ik raakte mijn anonimiteit kwijt. Dat vond ik wel vervelend. Tot op de dag van vandaag, eigenlijk, vind ik dat vervelend. Luister, ik ben geen Johan Cruijff hè? Dus het valt allemaal wel mee. Maar je houdt er in bepaalde situaties toch altijd rekening mee dat je een bekende kop hebt. Als ik ergens binnenkom, heb ik mezelf aangeleerd om niemand aan te kijken. Uit ervaring weet je: als je dat wel doet, ben je negen van de tien keer de lul. Voordat je het weet sta je dan weer een kwartier over die kopbal tegen Ierland te lullen. Daar heb ik niet altijd zin in.'

De pech voor Kieft is dat de rest van Nederland er juist wél altijd zin in heeft. Ongeacht tijdstip of locatie. Het heeft soms wonderlijke situaties tot gevolg. 'In 2006, tijdens het WK in Duitsland, bracht ik met een groepje mensen een bezoek aan Auschwitz-Birkenau. De Tweede Wereldoorlog en vooral de Jodenvervolging fascineren me enorm. Dat heb ik al sinds heel jong. Alles wat met discriminatie te maken heeft, daar heb ik aandacht voor. Ik weet niet waarom, maar het is een onderwerp dat me heel snel raakt. Ik droom trouwens 's nachts vaak heel eng over concentratiekampen, maar dat is weer een ander verhaal. Dat deed ik al ver voordat ik Auschwitz ooit zelf bezocht had.'

Als Kieft die warme middag in 2006 aankomt bij het voormalig vernietigingskamp in Polen en hij Nederlands om zich heen hoort spreken, begint hij 'm al te knijpen. Dat blijkt ook terecht. Hij is nog niet uit de auto gestapt of de eerste enthousiaste landgenoot komt al op hem afgerend. Nog in de schaduw van de wachttorens worden de eerste fototoestellen getrokken. Voordat Wim Kieft goed en wel beseft wat er aan de hand is, staat hij arm in arm met een wildvreemde meneer uit Brabant en lacht schaapachtig in de lens van diens vrouw.

"Iets naar voren komen", zegt ze, "anders krijg ik de letters van die poort er niet op."
Kieft en de Brabantse meneer schuifelen iets naar voren. Klik, zegt het fototoestel.

Daarna krijgt Kieft twee zweterige handen en zegt de man nog even snel dat hij er destijds bij was tegen Ierland en dat hij precies in de baan van de bal zat, voordat het echtpaar opgewekt richting vernietigingskamp trekt. Zo komt Wim Kieft uiteindelijk in een familiealbum in Brabant terecht, arm in arm met de heer des huizes, verbaasd poserend voor de poort van Auschwitz-Birkenau, met op de achtergrond de beruchte poort en daarboven, in grote letters: Arbeit Macht Frei.

Zwarte gat

-Geloof jij in het zwarte gat?

'Ach, rot op. Al die kutverhalen over het zwarte gat. Ik ben geen coke gaan gebruiken omdat ik als ex-topsporter in een zwart gat viel. Ik ben gaan gebruiken omdat ik het lekker vond. Punt. En ik ben verslaafd geraakt doordat ik het zo lang ben blijven gebruiken tot ik niet meer zonder kon. Punt.'

-Wat zeggen de professionals erover?

'In de kliniek waar ik heb gezeten benaderen ze alles vanuit de theorie. Daar kreeg ik ook het verhaal over dopamine, en spanning en de behoefte aan kicks te horen. Zou kunnen. Het is natuurlijk niet helemaal ondenkbaar dat ik behoefte heb gehad aan een substituut voor voetbal en dat ik toen coke heb gezocht. Aan de andere kant: er zijn ook miljoenen mensen die niet hebben gevoetbald en toch net zo verslaafd werden als ik.'

-Je bent wel reëel over jezelf.

'Ik geloof dat ik dat altijd wel heb gehad. Ik ben gewoon iemand die zonder structuur leeft. Impulsief. Die in zijn gedachten altijd óf in het verleden leeft, óf in de toekomst, maar in elk geval nooit op het moment zelf. Dat zorgt bij mij soms voor een vreemd soort luiheid. Dan kan ik me onmogelijk ergens toe zetten. Het is alsof je wordt lamgeslagen door passiviteit. Je zit op de bank en je leeft als een plant. En intussen verstrijkt de tijd.'

-Jij kunt uit het veld geslagen raken door de tijd.

'Dat klopt. Daarom ben ik bijvoorbeeld overal altijd te vroeg. Ik heb geen geduld. Dat is ook een gebruikerskwaal. Krijg ik iets in mijn hoofd, dan moet het direct gebeuren. Die dealer van me belde ik ook om de vijf minuten, om te vragen waar ie bleef. Die gozer werd knettergek van me. Soms liep ik hem op straat al tegemoet. Of ik nam alvast een fles wijn, dan ging de tijd gevoelsmatig iets sneller.'

-En is dat gevoel nu weg?

'Nee. Ik ben nu eenmaal impulsief, ik kan niet wachten tot iets begint. Ik was vandaag om tien uur klaar met mijn meeting en had pas om half elf deze afspraak. Dat halfuurtje tussendoor, dat kan mij gek maken. Dan weet ik met mezelf geen raad. Dat heb ik ook als ik besluit naar een restaurant of een bioscoop te gaan. Ik kan niet wachten tot het begint. Nerveus. Maar soms word ik ook lusteloos, voel de tijd verstrijken. Ik kan me bijvoorbeeld ook enorm vervelen.'

-Lekker allemaal.

'Ja. Vroeger had ik daar wel een oplossing voor. Dan dacht ik: Nou Wim, eerst de kroeg maar in voor vier dubbele Drambuie's met ijs, want hier hebben we geen trek in. Maar dat doe ik gelukkig niet meer.'

STAPPENWERKBOEK NARCOTICS ANONYMOUS
Stap 4, bladzijde 48

VRAAG 55/56
-Was mijn gedrag afhankelijk van de mensen met wie ik omging? Beschrijf. Heb ik iets over mijn persoonlijkheid ontdekt (wellicht bij een vorige inventaris) wat me niet beviel en ben ik dit vervolgens gaan overcompenseren? (Voorbeeld: misschien ontdekten we bij onszelf een kinderlijke afhankelijkheid van anderen, en zijn we vervolgens doorgeslagen in verwaand gedrag en besloten we voortaan alles op eigen houtje te doen.) Beschrijf.
'Ja. Nou, heb me wel anders voorgedaan. Wil graag in aanzien komen bij mensen die ik leuk vind. Ga me dan gedragen zoals zij zijn. Goedkeuring krijgen. Heb dat zelf wel door, word boos op mezelf, voel me dan ongemakkelijk als ander me dan oké vindt, krijg er genoeg van. Ben dus nooit echt mezelf.'

'Allemaal zeggen ze dat ze erbij zijn geweest'

Het duurt uiteindelijk een kwart eeuw voordat Wim Kieft alle frustraties van zich heeft afgeschud en durft na te genieten van wat hij in 1988 meemaakte. De doorbraak komt uitgerekend in Zeist.

Het is dan 25 juni van 2013. Precies vijfentwintig jaar na dato. Zelden zal de impact van de Europese titel aanschouwelijker zijn gemaakt dan hier, op het terrein van de KNVB, waar deze avond bijvoorbeeld een imitatie-Ruud Gullit rondrent, een volwassen man in een bruine panty met een zwarte nepsnor onder zijn neus en een rastapruik op zijn hoofd. In zijn handen heeft hij de Europese beker uit 1988. Hij tilt hem boven zijn diepbruin geschminkte hoofd en doet een ogenblik alsof hij in het Olympiastadion van München is, in plaats van in een circustent op een van de trainingsvelden in Zeist. Het gekke is: het werkt nog ook. Om hem heen beginnen mensen te juichen alsof hij de echte Ruud Gullit is.

'Terug naar de finale', zo heet het wonderlijke evenement waarmee drie weken van oneindige EK'88-herinneringen wordt afgesloten. De bijeenkomst van deze avond is speciaal bedoeld voor hen die in 1988 alles hebben gemist. Een deel van die mensen is hier verzameld in een tent. Ze verheugen zich op de eregast van vandaag. Dat is Wim Kieft.

Er zitten jongeren tussen, die destijds gewoonweg nog niet oud genoeg waren om de gebeurtenissen in München bewust te kunnen volgen, maar ook vrouwen die net lagen te bevallen toen Marco van Basten het doelpunt van zijn leven maakte. Een van hen zal deze avond door de presentatoren Viggo Waas en Peter Heerschop op het podium worden geroepen. Het is een mevrouw uit Rotterdam. Ze vertelt over de bevalling van haar zoon en ook dat ze 'm eigenlijk Marco wilde noemen. Er stijgt een luid applaus op onder de aanwezigen. Halverwege de tent klinkt zelfs een ouderwetse jaren tachtig stadiontoeter. Maar er is te vroeg gejuicht. 'Mijn man zag het niet zitten,' zegt ze. Ze lijkt nog steeds een tikje teleurgesteld. 'Hij had een andere naam in gedachten. Kevin, dat vond ie veel mooier. Toen is het dus maar Marvin geworden.'
'Marvin?', vraagt co-presentator Peter Heerschop.
'Ja,' zegt de vrouw. 'Een combinatie van Marco en Kevin. Mar-vin.'

Straks zullen moeder en Marvin op een groot scherm de wedstrijd bekijken die ze hebben gemist. Al heeft de moeder destijds af en toe nog wel een glimp opgevangen.

'Ik keek gewoon tussen het bevallen door.'

‘En?’, vraagt Heerschop, ‘was het wee-opwekkend?’
‘Ja hoor,’ zegt de vrouw.

Het bewijs daarvan staat naast haar. De baby van toen is uitgegroeid tot een 25-jarige man, net als zo’n 450 andere Nederlanders toevallig geboren op de middag dat Oranje zijn enige grote prijs won. Hoofdschuddend kijkt hij richting publiek, zo te zien nog steeds balend dat hij Marvin heet en geen Marco.

Iedereen heeft hier zijn eigen verhaal. De een miste alles omdat hij die dag toevallig weekenddienst had, de ander had uit zenuwen al zo veel bier gedronken dat hij vlak voor de aftrap in een diepe slaap viel en pas weer wakker werd toen de televisie alleen nog een monotoon ruisend geluid voortbracht. Er zit hier iemand tussen die destijds alles miste omdat de vrachtwagen die voor hem reed bleef steken onder een te laag viaduct, en ook een voormalig dienstplichtig militair die net op bivak moest toen Gullit de score opende.

Sommigen van hen worden naar voren geroepen. Een van de mooiste herinneringen komt van ene Ellen. Samen met tienduizenden andere Nederlanders stond ze destijds ergens in de berm van de A2, wachtend op de terugkeer van de kampioenen. Het duurde lang voordat de spelersbus in zicht kwam. De gekte die Nederland overspoelde, had ook de snelweg bereikt en dus konden Rinus Michels en zijn spelers soms nauwelijks harder dan stapvoets rijden. En dat terwijl haar broertje Danny al zo nodig moest plassen. Toen hij het echt niet meer hield en er toch nog geen enkel spoor was van de Oranjebus, besloot hij de deur in de geluidswal achter hem te openen en zich even aan het zicht te onttrekken. Helaas voor Danny zat er aan de binnenkant van de geluidswal geen deurkruk. Zijn blaas mocht dan eindelijk leeg zijn, hij had zichzelf wel opgesloten. Toen Wim Kieft en de andere Europees kampioenen eindelijk langsreden, stond hij naar een product van eigen kunnen te kijken.

Dit is een merkwaardig evenement. Misschien komt het door de grote circustent, maar er heerst hier een sfeer die ook op campings hangt. Het is niet ongezellig, iedereen doet vriendelijk tegen elkaar op een manier die voor het laatst in de jaren vijftig gebruikelijk was, maar het heeft ook allemaal iets gekunstelds.

Aan de voorbereidingen heeft dat niet gelegen. Ruud

de Wild draait hier voor 538, er zijn gratis muntjes, je kunt op de foto met de echte Europa-beker en er wordt patat uitgedeeld. Als je geluk hebt, kun je zelfs tegen Wim Kieft opbotsen, alhoewel de ex-spits zich, geheel in overeenstemming met zijn karakter, het merendeel van de tijd ver weg van de meute in de tent ophoudt. Sponsors en de KNVB hebben ervoor gezorgd dat alles wat de gemiddelde Nederlander nodig heeft om feest te vieren ook voorhanden is: voetbal op een groot scherm, bier, bitterballen, oranje prullaria en de gelegenheid flink in het wilde weg te schreeuwen. Het enige wat ontbreekt is de spontaniteit. Het collectieve delirium waarin Nederland in 1988 belandde, was mede zo indrukwekkend omdat het spontaan en ongeregisseerd ontstond. Dat is hier anders en dat voel je. Een volksfeest is nu eenmaal geen volksfeest wanneer je je er drie weken tevoren via internet voor kunt opgeven.

De meeste EK'88-coryfeeën zijn de afgelopen weken al uitgebreid aan het woord geweest. Hans van Breukelen heeft overal in de media nog eens mogen vertellen over zijn gestopte penalty en moet telkens weer opgelucht zijn geweest wanneer niemand opmerkte dat hij die zelf ook had veroorzaakt. Zelfs Kees Jansma heeft weer eens voor de tienduizendste keer het verhaal over het bad en het trainingsjack van Pat Bonner uit de doeken gedaan. Iedereen is dus al aan de beurt geweest, vandaar misschien dat nu Nol de Ruiter op het podium wordt geroepen, de assistent-bondscoach van toen. De meeste mensen herkennen in hem nog wel de man die naast Rinus Michels stond, wanneer deze na de wondergoal van Van Basten uit verbazing naar zijn hoofd grijpt. Maar Peter Heerschop moet het publiek wel tot stilte manen en vragen 'om wat respect voor deze grote coach'. Daarna probeert hij met De Ruiter in gedachten terug te gaan naar de middag van toen. Het levert weinig nieuwe inzichten op.

'Wat waren de laatste woorden in de kleedkamer, zo vlak voor de finale?', vraagt Heerschop.

'Dat weet ik niet meer,' zegt De Ruiter, 'het kan goed zijn dat we iets zeiden van: kom op jongens, ga er tegenaan!'

Dan wordt de zaal langzaam voorbereid op het grote moment: het begin van de eindstrijd. Op het grote scherm verschijnt het kale hoofd van Kees Jansma al levensgroot in beeld. Op de derde rij gaat ook de bekende Oranje-Generaal er eens goed voor zitten. Vrijwel iedereen is hier gekleed alsof het 1988 is. Niemand lijkt dat gek te vinden.

Elk evenement krijgt de commentatoren die het verdient, dus wordt deze herhaling nieuw leven ingeblazen door de snedige opmerkingen van Peter Heerschop en Viggo Waas. Humor en voetbal verhouden zich doorgaans slecht tot elkaar. Sinds Wim Suurbier hier in Zeist ooit halverwege het trainingskamp zijn geslachtsdeel in de kippensoep doopte, is er op dit gebied weinig progressie gemaakt. Maar Heerschop en Waas blijken als een van de weinigen een toon te hebben gevonden die aanslaat bij de gemiddelde voetbalfan.

'Ronald Koeman loopt wat moeilijk,' zegt Peter Heerschop dan bijvoorbeeld, 'die heeft het shirt van Olaf Thon nog in zijn kont zitten.'

Viggo Waas: 'Hij heeft zo te zien heel Olaf Thon nog in zijn kont zitten.'

Zo komt de stemming er vanzelf in.

Maar eerst de volksliederen. Een paar mensen beginnen te joelen als de Russische hymne wordt gespeeld. Er worden voorspelbare grapjes gemaakt over kruisraketten, Siberië en de KGB. Ook de namen Brezjnev en Gorbatsjov vallen. Maar de lacherige stemming verdwijnt zodra de eerste tonen van het Wilhelmus klinken. Zo te zien is dit voor veel mensen het hoogtepunt van de middag. Iedereen gaat staan, sommige mensen leggen hun hand op hun hart, en allemaal zingen ze van begin tot eind mee. Daarna roept iemand heel hard 'Aanvalluh!' en kan de wedstrijd beginnen. Waas zegt dat het 0-0 staat en dat mits het zo blijft, er penalty's gaan volgen. Hij zal deze grap nog twee keer herhalen.

De eerste Oranje-spelers schieten over het scherm. Het is voor de niet-geoefende terugblikker schrikken hoe snel de tijd is verstreken. Je ziet het aan de matjes in de nek van de spelers, hun korte broekjes en de oubollige spandoeken langs de kant van het veld ('het laatste karwei – Russisch ei').

Gaandeweg de wedstrijd wordt het steeds drukker aan de bar. De ontmythologisering is zo te zien begonnen. Oranje is in het begin van de wedstrijd helemaal niet zo oppermachtig als de mythe doet vermoeden. Enige tijd is de eindstrijd zo het spiegelbeeld van die andere grote finale: niet domineren maar uiteindelijk wel winnen, in plaats van andersom.

En Heerschop en Waas maar grapjes maken. 'De Russen houden hun handen voor hun hamer en snikkel,' zegt Waas bijvoorbeeld wanneer de tegenstander van Oranje een muurtje opstelt. Andere zijn leuker. 'U ziet de Russische spelers nu op ware grootte,' zegt Heerschop, halverwege de eerste helft. 'Je kunt ze uit elkaar halen, dan komt er een kleinere speler uit. Eigenlijk spelen ze nu met 22 man.' Of Waas, bij een close-up van Ruud Gullit, vlak voor zijn openingsgoal. 'U ziet hier Ruud Gullit, hij voetbalt vandaag met een pruik...'

Wim Kieft heeft zich de hele avond nog nauwelijks laten zien. Hij voelt zich hier niet helemaal op zijn plaats. Deze avond gaat over de finale, over de kopbal van Ruud en de volley van Marco. Niet over Wim die met een waterzak in zijn hand richting dug-out slofte. Toen hij aankwam in Zeist en meer dan levensgroot de elftalfoto zag hangen, dacht hij de ogen van alle aanwezigen in zijn rug te voelen prikken. Kieft stond niet op de foto en hij had daarom het idee dat iedereen zich nu afvroeg wat hij hier in hemelsnaam kwam doen.

Het blijken allemaal zorgen om niks. Er hangt hier een wat carnavaleske sfeer. Mensen kunnen niet wachten tot ze de polonaise kunnen inzetten. Dat moment breekt aan in de 33ste minuut, wanneer Ruud Gullit de score opent. Er wordt al ver voor de beslissende assist van Van Basten naartoe gepraat. De bal is nog op de helft van de Sovjets als de eerste supporters in de tent al gaan staan. Iedereen weet wat eraan zit te komen, zelfs de mensen die destijds op dit moment barensweeën voelden, maar desondanks doet iedereen alsof er iets heel onverwachts staat te gebeuren. Sommige mensen bootsen spanning na en slaan de handen voor hun gezicht, waardoor ze vijfentwintig jaar na dato bijna wéér alles missen. Op de eerste rijen murmelen de diehard-supporters mee met de legendarische woorden van Theo Reitsma, maar voordat de commentator 'Gullit, doe het!' heeft kunnen uitspreken, is hij al onverstaanbaar geworden. Zo'n driehonderd mensen in een tent in Zeist beginnen dan al te juichen om een doelpunt dat nog gemaakt moet worden.

Op een afstandje, beschut achter glas van een KNVB-kantoortje, schiet Willem Kieft in de lach als hij de juichende mensen ziet. Sommigen lopen in een polonaise van Madurodam-formaat en juichen om een goal die een halve eeuw oud is. Het doet allemaal wat potsierlijk aan. 'Dan vond ik de rondvaart door Amsterdam destijds toch indrukwekkender,' zegt hij droogjes vanachter het glas.

Monkey

-Hoe was de meeting vanochtend?

'Echt heel goed. De ene keer is het intenser dan de andere keer, kun je er meer uithalen voor jezelf. Nu was het heel emotioneel. Er was een meisjes met haar vader. Allebei gingen ze huilen. En na afloop zag ik nog een tijdschrift met een schitterende cover liggen. Het was een blad over verslavingen en afkicken. Op de voorkant stond een losgeslagen aap. Zo'n grijnzende aap met zo'n krankzinnige blik in zijn ogen. En weet je wat eronder stond?'

-Nou?

'Er stond: 'The monkey is off my back, but the circus is still in town.' Dat vond ik wel een mooi motto. Want zo is het precies.'

STAPPENWERKBOEK NARCOTICS ANONYMOUS
Stap 1, bladzijde 9

VRAAG 33
-Houd ik rekening met de behoeftes van anderen?
'Weinig, is bijna altijd gericht op mezelf, zodat ik bevrediging heb. Doe weinig voor anderen, zij doen vooral wat ik wil. Mensen krijgen daar genoeg van. Ik geef ze nooit iets terug.'

'Behoorlijk onbeschoft om niet te komen opdagen bij de koningin'

Wim Kieft was dronken toen hij de beroemdste rondvaarttocht uit de geschiedenis van Amsterdam meemaakte, de enige die nog groter, hysterischer en indrukwekkender was dan die van de Beatles. Toch heeft de zegetocht door het Amsterdamse water een onuitwisbare indruk op hem gemaakt. 'Omdat het zo spontaan was. Nog meer dan de massaliteit, vond ik dat het mooiste: dat het uit het niets ontstond, dat het niet geregisseerd of bedacht was. Nee, het was puur.

Pure vreugde die eruit moest. Dat was prachtig om te zien. Toen realiseerde ik me eerlijk gezegd ook pas wat we allemaal teweeg hadden gebracht in Nederland. Tijdens het toernooi was dat grotendeels aan ons voorbij gegaan. Je had er geen Nederlandse televisie, geen internet. Alleen de kranten. Pas bij terugkomst in Nederland zagen wij hoe groot de gekte was in Nederland. Met als ultieme moment die rondvaart. Daar kan ik wel met een warm gevoel aan terugdenken.'

De volgende dag werden de spelers verwacht bij koningin Beatrix. Kieft ging niet. 'Nee, daar had ik echt geen zin in. Ik was blij dat ik met vakantie kon. Ik was klaar met dat EK. Later heb ik daar trouwens wel spijt van gekregen. Ik had Beatrix eigenlijk best willen ontmoeten. Is toch een bijzondere vrouw. Bovendien vind ik het eigenlijk behoorlijk onbeschoft om niet te komen opdagen als de koningin je uitnodigt. Arrogant wel, bah.'

Oud-voetballers zijn er in twee categorieën. Zij die hun huis na hun loopbaan van kelder tot zolder behangen met foto's en shirts van zichzelf. En zij die het liefst net doen of hun carrière nooit heeft bestaan. Wim Kieft behoort tot de laatste categorie. Hij heeft er geen talent voor om terug te blikken. Dat komt slecht uit, want hij wordt daar al meer dan vijfentwintig jaar dagelijks door wildvreemden toe gedwongen.

Ook in Zeist, op die 25ste juni 2013, tijdens het feest 'Terug naar de finale', kan hij geen twee meter lopen, of iemand begint wel over zijn kopbal tegen Ierland. 'Allemaal zeggen ze dat ze erbij zijn geweest,' zegt Kieft daar zelf altijd over. 'Als ik iedereen moet geloven, zaten er destijds twee miljoen mensen op de tribune.'

Ook vandaag hoeft Kieft zijn blonde hoofd maar even te laten zien, of de handtekeningenjagers stromen toe. En allemaal hebben ze één gespreksonderwerp: de kopbal, of wat daar voor door moest gaan, in Gelsenkirchen.

'Zonder jou hadden we hier helemaal niet gestaan,' zegt een meneer met een Utrechts accent tegen de oud-international. Hij doet dat op een toon alsof Wim Kieft destijds op Omaha Beach is geland om Europa te bevrijden. De voetballer zelf wordt daar altijd heel erg verlegen van. 'Zo is het toch, Wim? Als jij die bal er niet in kopt, staan we hier nu niet.'

Ook de Oranje-Generaal meldt zich. Zijn supportersuniform zit vol speldjes van de speelsteden die hij heeft bezocht. Op zijn mouw zit het embleem van Volendam.

'Ik ben een volle neef van Arnold Mühren,' zegt hij.

'Oh,' zegt Kieft. 'Leuk.'

De Generaal graait met zijn rechterhand in een van de zakken van zijn kostuum. Er komt een verfomfaaid entreekaartje tevoorschijn. Nederland-Ierland, 18 juni 1988. 'Wim, wil je dit tekenen? Ik zie die goal nog zó voor me... '

De Generaal houdt nu een zwarte stift onder de neus van Wim Kieft. 'Ik ben een volle neef van Arnold Mühren,' zegt hij nog maar eens. Kieft knikt vriendelijk. 'Leuk,' zegt hij. Dan moet hij weg. De tweede helft van de wedstrijd wordt zo meteen gestart. Voor die tijd moet Kieft nog door Heerschop en Waas worden geïnterviewd. 'Die Generaal hè?', zegt Kieft op weg naar het podium, 'dat schijnt een neef te zijn van Arnold Mühren... '

Even later staat hij op het podium. Er wordt gevraagd wat Wim Kieft destijds deed in de rust. 'Ik weet het niet meer,' zegt hij, 'ik kan me niet meer herinneren of ik in de kleedkamer ben geweest of niet.' En wat hij eigenlijk dacht, daar in de dug-out van het Olympiastadion. 'Wat ik dacht? Ik dacht: ik hoop dat het snel gelijk wordt, dan kom ik er tenminste nog in.'

Daarna begint de tweede helft. Bij de goal van Van Basten gebeurt hetzelfde als bij die van Gullit. Wim Kieft zit dan al op een terrasstoel buiten de tent en werpt af en toe een half oog op de wedstrijdbeelden. Hij heeft de finale van toen nooit meer teruggezien en het lijkt er niet op dat hij daar spijt van heeft. 'Lange tijd moest ik er weinig van hebben, al die terugblikken op 1988. Mijn leven is na dat EK gewoon doorgegaan, ik heb in de jaren die volgden nog zo veel andere dingen meegemaakt. Maar nu ik de afgelopen weken heb gezien wat het allemaal losmaakt bij mensen, snap ik het al wat beter.'

Op het scherm is Jan Wouters aan de bal. Zijn kromme benen zijn zelfs van grote afstand waarneembaar. 'Wouters vindt het jammer dat hij zelf de bal aan zijn voet heeft,' zegt Heerschop, 'nu kan ie geen overtreding maken.'

Zo verstrijkt de tijd in Zeist. Wanneer er eindelijk is afgefloten, barst er ook 25 jaar na dato een groot gejuich los. Sommige mensen gooien er nog een polonaise tegenaan. Andere doen hun Oranje-pruik af en bereiden zich langzaam maar zeker voor op een terugkeer in de gewone wereld. Het zit er bijna op, de herdenkingsmaand van het EK'88. Wekenlang hebben we kunnen lezen over de heldendaden van Hans van Breukelen, over de eenvoud van Berry van Aerle, de uitstraling van Ruud Gullit, de tovergoal van Marco van Basten. We weten nu alles. Dat er nooit woonboten zijn gezonken, dat reservespeler en parttime advertentieverkoper Sjaak Troost gewoon klanten belde vanuit het trainingskamp van Oranje en dat Willem Kieft zich kapot verveelde in het trainingskamp en tijdens het toernooi. 'We hadden geen Nederlandse televisie, mobieltjes of internet. Het was een andere tijd. Meestal ging er een pingpongtafel of een sjoelbak mee.' Zo worden ook de laatste minuscule details blootgelegd. Het begint al te schemeren in de Zeister bossen, wanneer ook de laatste diehards vertrekken. In groepjes verspreid trekken ze naar hun auto's. De imitatie-Ruud Gullit loopt er ook tussen.

Nog even en zijn bruine panty kan voorlopig weer de kast in. Wim Kieft is dan al weg. Hij is blij dat het afgelopen is.

Berry

-Zowel bij Oranje als bij PSV lag je op de kamer met Berry van Aerle.

'Ja. Dat ging altijd heel goed tussen ons. Ik vind Berry zo'n bijzondere jongen. Zo ongecompliceerd, zo lief ook. Ik heb zelden iemand ontmoet die zo nuchter en reëel was. En zo positief. Die jongen was puur zichzelf. Dat zie je niet veel in de voetbalwereld.'

-Nee?

'Nee, toch? Kijk maar om je heen. De meesten spelen een rol. Ik ook. Maar Berry niet. Die jongen was gewoon gelukkig met zijn bestaan. Mooi. Misschien trok dat me wel in hem aan. Hij was wat dat betreft compleet anders dan ik.'

-Klopt zijn imago?

'Nee, helemaal niet. Hij wordt altijd weggezet als simpel, een loser bijna. Slaat nergens op. Ik heb zat losers meegemaakt bij PSV. Ellerman. Linskens. Heintze. Maar Berry viel niet in die categorie. Hij was geen loser. Als we met een groepje PSV'ers gingen stappen, hoorde hij er altijd bij en voelde niemand de aanvechting om hem belachelijk te maken of zo. Daarvoor had iedereen te veel respect voor hem. En daarvoor was hij ook te aardig.'

-Vriendelijkheid wordt in zijn geval vaak verward met domheid.

'Ja. Maar dat is onzin. Wat is dom? Moet ik daar iets over zeggen? Ik lig zelf bijna in de goot. Ben ik dan zo slim? Nee, ik denk dat Berry het beter voor elkaar heeft dan ik. Laatst, voorafgaand aan Nederland-Japan, had ik een van die sporadische momenten waarop ik ergens zonder een fractie onzekerheid stond. Ik deed de voorbeschouwing aan de rand van het veld en was toen even helemaal niet bezig met hoe ik overkwam, wat anderen van me dachten en dat soort dingen. Nee, ik stond er gewoon als mezelf. Nou, dat heeft Berry dus de hele dag. Die hoeft niet na te denken over zijn gedrag, die is overal dezelfde. Hij vertoont geen enkel spoortje van *please*-gedrag, hij doet zich nergens beter voor dan hij is. Dat is lekker hoor, als je dat hebt.'

-Zeker.

'Ik wou dat ik zo was.'

STAPPENWERKBOEK NARCOTICS ANONYMOUS
Stap 4, bladzijde 47

VRAAG 35
-Wat beangstigt mij het meest om onder ogen te zien en over mezelf te onthullen? Wat denk ik dat er dan zal gebeuren?
'Durf nog niet totaal openbaar te maken dat ik verslaafd ben. Bijvoorbeeld tv-werk, voetbal en collega's. Ben bang geen werk meer. Ben bang voor gezichtsverlies.'

'Het gaat niet zo goed met mij'

Januari 2014. Wim Kieft klinkt nogal gedeprimeerd voor zijn doen. Hij is van nature een vrolijk en optimistisch mens. Het zijn eigenschappen die hij zo te horen goed kan gebruiken. De voorgaande dagen waren zwaar.

'Ik heb veel nagedacht. Over mijn verleden en wat ik allemaal heb aangericht,' zegt hij. 'Vooral bij de mensen die me dierbaar zijn. Nu ik iets helderder word, ga ik steeds meer inzien wat voor bende ik ervan heb gemaakt. Dat voel je deze dagen extra sterk. Ik vind het zwaar, man. Het gaat ook niet zo goed met mij, eerlijk gezegd.

Ik voel me opgejaagd, nerveus. Gelukkig weet ik hoe het komt. Ik heb een paar meetings van de NA overgeslagen. Dat is stom. Dat moet ik niet doen. Ik kan het niet alleen. Simpel. Niemand kan het alleen.'

Het missen van de meetings was grotendeels het gevolg van de gebeurtenissen aan het begin van dit nog verse jaar. Het jaar 2014 was pas een paar dagen oud, toen *De Telegraaf* zijn portret op de voorpagina plaatste en verwees naar een artikel verderop in de krant. Op de Privé-pagina stond:

Wim Kieft wint van cocaïne!
Hulp na reeks incidenten

Hij was altijd de rustige kracht van Oranje, je zag hem niet, maar ineens was hij er. WIM KIEFT (51) kwam zelf echter ook in de ban van zo'n stille sloper; cocaïne beheerste op een gegeven moment zijn leven. Na een reeks incidenten was voor de legendarische voetballer de maat vol.

Geruchten over zijn vermeende drugsgebruik gingen al langer, maar nu heeft oud-voetbalinternational Wim

Kieft zelf toegegeven verslingerd te zijn geraakt aan cocaine; zelfs in die mate dat het gebruik van deze harddrug zijn hele leven ging bepalen. Dat geeft hij toe in een gesprek met Weekblad Privé.

Ongeveer een jaar geleden besloot Kieft dat het tijd werd voor harde maatregelen en liet hij zich opnemen in een ontwenningskliniek. Inmiddels kan worden vastgesteld dat Wim Kieft daarmee een van de mooiste overwinningen uit zijn rijke loopbaan op zijn naam schreef: Ik ben ervan af. Het ligt achter me, voorgoed!

'Ik schaamde me wel hoor, toen ik dat artikel zag,' zegt hij. 'Ik schrok me echt de pleuris. Hier was ik toch altijd een beetje bang voor geweest. De dag dat mijn verslaving zou uitkomen.'

De laatste keer dat Wim Kieft op de voorpagina van *De Telegraaf* stond, was in zijn tijd als verslaafde. Hij werd toen gearresteerd in een vliegtuig van de KLM. 'Het was na een vlucht uit Madrid, samen met Suzanne. Op de luchthaven kwamen we aan de praat met een vrouw. Allemaal heel gezellig, heel leuk. Wij gaan aan boord en ik zit nog niet op mijn stoel, of er komt zo'n gladde purser naar me toe. "Goh meneer Kieft, we vinden het zo'n eer dat u met ons mee naar Amsterdam vliegt, we willen u en uw vrouw graag upgraden naar de businessclass." Dat vond ik geen slecht idee, hoewel ik nog steeds niet van vliegen hield. Daarom had ik ook een fles Spaanse likeur bij me, waar ik af en toe stiekem een grote slok van nam. Een paar rijen voor ons zat die vrouw. Op een gegeven moment gaat Suzanne plassen. Hoor ik dat wijf tegen een paar van die zakenmannetjes zeggen: "Ja, dat is inderdaad de vrouw van die voetballer. Ik heb daarnet even met hem gesproken maar je weet wat ze zeggen hè, over die voetballers. Dat zijn niet de slimsten." Godverdomme, dacht ik. Ik werd echt heel kwaad. Ben ik opgestaan en naar dat wijf gelopen. 'Vuile hoer,' schreeuwde ik door die businessclass. Gelijk die purser erbij. "Meneer Kieft, als u zich niet kunt gedragen, gaat u maar terug naar economyclass." Die heb ik ook uitgescholden. Op dat moment komt mijn vriendin terug van het toilet. Die ziet mij dronken ruziemaken met het halve cabinepersoneel en begint gelijk tegen mij te schreeuwen. Toen werd ik helemaal razend. Heb ik mijn tas gepakt en ben demonstratief op rij zeven in economy gaan zitten. Word ik vanuit de stoel achter me aangetikt door een dikke, kale vent. "Hé Kieft, jij denkt zeker dat je alles kunt maken omdat je voetballer bent geweest?" Toen werd ik wéér kwaad. 'Krijgen jullie allemaal lekker de pleuris!', riep ik door dat vliegtuig. Kwam er een stewardess. Als ik me niet rustig zou houden, gingen ze een tussenlanding maken om mij eruit te zetten. Of ze lieten me op Schiphol arresteren. "Je doet maar," heb ik toen gezegd. En ik heb haar uitgescholden. Dat ook.'

'Toen ik aankwam, was ik redelijk gekalmeerd. Ik ging als een van de eersten uit het vliegtuig. Waar Suzanne was, wist ik niet. In de slurf stonden twee agenten. "U bent meneer Kieft?", vroegen ze. "Ja, ik ben meneer Kieft, ja. Hoezo?" Ze pakten gelijk mijn arm en zeiden dat ik was gearresteerd. Ik rukte me los. Toen gooiden ze me op de grond en gingen met z'n tweeën op me zitten. Intussen passeerde er dertig rijen met hoofdschuddende passagiers. Lag ik daar, met de knieën van twee agenten in mijn nek. Lekker dan.'

Hij schiet in de lach.

'Best een goed verhaal, vind je niet?'

De zoveelste Camel van de ochtend wordt uit zijn pakje gewurmd. Er zit weer een rookpauze aan te komen.

'Nou, toen kreeg ik dus handboeien om. Werd ik als een misdadiger afgevoerd. Ik kwam uiteindelijk terecht op Schiphol Oost, een klein politiebureautje. Tweeënhalf uur heb ik daar gezeten. Op het einde komt er een gozer binnen. Blijkt de man te zijn die het proces-verbaal gaat opmaken. "Je herkent me niet meer, hè?", zegt ie. "We hebben samen in dienst gezeten." Zo vermoeiend allemaal... Ik was om zeven uur 's avonds geland en was geloof ik om half drie 's nachts thuis. Toen ik de sleutel in het slot stak, dacht ik bij mezelf: ik moet wel heel veel mazzel hebben wil dit morgen niet in de krant staan. Maar die mazzel had ik niet. Het stond op de voorpagina van *De Telegraaf*. 'Kieft gearresteerd'. En 'Oud-voetballer heeft medepassagier met dood bedreigd'. Dat soort teksten.'

Zo zijn er de afgelopen jaren in het leven van Wim Kieft ontelbare incidenten geweest waarbij aan het licht had kunnen komen dat er iets met hem aan de hand was. Bijvoorbeeld toen hij in een Albert Heijn werd betrapt op het wegens chronisch geldgebrek ontvreemden van een gemarineerde kip. Of op de dag dat hij door een dealer in elkaar was geslagen. Maar de gevreesde ontmaskering kwam uiteindelijk langs het keurige veld van de Koninklijke HFC, waar hij even daarvoor nog nietsvermoedend had meegehobbeld met de oud-internationals. Zijn deelname aan de traditionele nieuwjaarswedstrijd was bedoeld als poging weer een beetje in beeld te komen. Dat gebeurde uiteindelijk ook, maar niet op de manier waarop hij had gehoopt.

'Ik was nog amper van het veld, daar in Haarlem, toen er ineens zo'n flapdrol van de *Privé* voor mijn neus stond. Ik had het eerst niet eens in de gaten, ik was druk met al die kinderen die om me heen liepen voor een handtekening. Of hij mij later even onder vier ogen kon spreken. Hij zei: "Ik hoor dat je probeert van de drugs af te komen, dat je al een paar keer in een kliniek hebt gezeten, dat je soms een terugval hebt gehad, dat je elke dag naar meetings gaat." En zus en zo en blablabla. Het klopte allemaal. Ze wisten alles. Ik werd er compleet door overvallen. Maar ik heb niets ontkend. Wat heeft het voor zin? Het verhaal was al klaar, hij moest het alleen van Evert Santegoeds even komen checken. Ik heb gezegd dat ik er niet trots op ben, dat ik het niet kon ontkennen, maar dat ik er verder ook niets aan had toe te voegen. "Ja," zei die flapdrol toen, "maar wat moet ik dan voor verhaal schrijven?" Toen zei ik: "Weet ik veel? Dat moet je lekker zelf weten." Johnny van 't Schip, een heel grote vriend van mij, stuurde me de volgende morgen heel vroeg een bericht vanuit Australië. Hij was al een paar uur op en had me via internet op de voorpagina van *De Telegraaf* zien staan. Toen schrok ik wel even. Jezus, dacht ik, nu ben ik wel heel bloot. De kaasboer, de caissière bij Albert Heijn, iedereen weet het nu. John van Vliet van *Sport1*, een andere vriend van me, zei dat ik wel even mijn werkgevers moest inlichten dat dit eraan kwam. Dat heb ik gedaan. En daarna heb ik me een paar dagen verstopt. Ik ben de deur niet meer uit geweest. Ook niet voor de meetings. Dat is dom van me geweest. Daarom voel ik me nu zo kut. Ik kan gewoon niet zonder, misschien wel nooit meer. Daar moet ik me bij neerleggen.'

Kaasboer

-Voelde je ook een soort opluchting toen je verslaving uitkwam?

'Er was wel een soort bevrijding, ja. Maar de schaamte overheerste toch, hoor. Je wordt ineens ook weer zo kwetsbaar. Ik ging automatisch weer heel erg stilstaan bij hoe ik overkwam op andere mensen. Dat moest ik al doen toen ik nog gebruikte en nu moest ik het weer. Vervelend. Vooral omdat het vaak voor niks was. Gisteren liep ik met mijn dochtertje langs zo'n pleintje waar een paar jongens aan het voetballen waren. Toen wendde ik mijn gezicht weer af. Dan ben ik bang dat ze iets gaan roepen. En dat deden ze uiteindelijk ook. Maar niet wat ik verwachtte.'

-Wat riepen ze dan?

'"Hé meneer, u ben toch die voetballer?" En nog een paar van die dingen. In elk geval niet iets naars. Maar misschien komt dat nog.'

-Hoe kijk je nu terug op die ontmaskering door *Privé*?

'Voor mijn kinderen en voor mijn moeder vond ik het wel heel kut. Voor mezelf viel het eigenlijk reuze mee.

Je krijgt nauwelijks reacties. Waar je al die jaren bang voor bent geweest, gebeurt helemaal niet. Wat blijkt? De kaasboer durft er helemaal niet over te beginnen. De gesprekken gaan nog steeds over die kopbal in 1988, zoals altijd.'

STAPPENWERKBOEK NARCOTICS ANONYMOUS
Stap 1, bladzijde 10

VRAAG 41
-Heb ik woede-uitbarstingen of reageer ik anderszins op mijn emoties waardoor ik mijn zelfrespect of gevoel van eigenwaarde verlies? Beschrijf.
'Zo vaak. Schelden, duwen, vechten, stiekem gebruiken, liegen.'

'Dat spul schakelt je geweten uit'

Wim Kieft heeft in zijn leven als beroepsvoetballer 194 doelpunten gemaakt, van obscure intikkertjes in de Italiaanse Serie B tot die ene beroemde tegen Ierland.

Toch droomt hij nooit meer over voetbal. Dromen doet hij over heel andere dingen. In zijn tijd als gebruiker meestal over heel enge dingen. Over wilde honden die hem achtervolgen op eindeloos lange wenteltrappen. Over monsters, altijd in de gedaanten van oude mannetjes met ingevallen wangen en tandeloze monden, die steeds dichterbij komen. En ook bijna elke nacht over concentratiekampen. Maar zelden over voetbal.

Ook in zijn slaap blijft de onrust voortwoekeren. Hij schrikt vijf keer per nacht wakker. Standaard. Nooit vier of zes keer, altijd vijf keer. Hij beweert dat hij inmiddels zo ver is dat hij in zijn slaap het moment kan aanvoelen waarop zijn droom ten einde is en de ontwaking zich aandient. Er speelt zich 's nachts van alles af in het brein van Wim Kieft en meestal is het weinig goeds. Hij heeft van nature een snel beïnvloedbare geest. Laat hem overdag een film over de slavernij zien, en hij roeit 's nachts gegarandeerd zelf mee op een galeischip. Discriminatie en racisme zijn zaken die hem al sinds zijn jeugd bezighouden. Een van de momenten uit zijn leven waaraan hij niet kan terugdenken zonder kromme tenen bij zichzelf te ontdekken, speelde zich af toen Robbin nog klein was. Kieft wandelde met hem door Bergeijk, een Brabants kabouterdorp waar het Amsterdamse gezin zich moest zien te vermaken zolang papa bij PSV in de spits speelde. 'Komt er zo'n vent aangelopen. Hij knikt naar mijn zoontje, die donker is van huidskleur, net als zijn moeder. "Zo Kieft," zegt ie, "geadopteerd zeker?" En ik, lul die ik ben, zeg ook nog: "Nee hoor, het is mijn eigen kind.” Dat vind ik nog steeds een heel vervelend moment om aan terug te denken. Ik had die vent moeten vragen of ie niet goed bij zijn hoofd was en waar ie zich eigenlijk mee bemoeide.’

Hij is de laatste om erover te klagen, maar zijn bekendheid zit hem soms in de weg. Niet alleen omdat hij al langer dan een kwart eeuw elke dag wordt gedwongen te praten over een vrij toevallige kopbal in Gelsenkirchen. Ook omdat zijn hoofd er soms niet naar staat.

Maar bekendheid kun je niet uitzetten. Ook niet als je meer dood dan levend in een kliniek zit, of totaal verdwaasd door de stad doolt, of bang bent en in paniek. Er is altijd wel iemand in een Ajax-shirt of met een PSV-sjaal die met je op de foto wil, of een vrouw van middelbare leeftijd die onthult dat ze vroeger als meisje stiekem verliefd op hem was. ‘Laatst ben ik even op de verjaardag van mijn zus geweest. Een halfuurtje. Daarna ben ik vertrokken. Ik voelde me zo ontzettend slecht. Het enige wat ik wilde was naar huis. Mediteren, slapen, hopen dat het morgen beter zou zijn. Staan er twee vrouwen bij de bushalte. Twee ouwe potten, als je het mij vraagt. En die beginnen dan een gesprek met je. Bent u Wim Kieft? Ja hè? Ik dacht het al.

Goh, wat leuk! Maar ik voel me helemaal niet leuk. Ik voel me kut. Je kunt het die mensen niet kwalijk nemen, maar soms zou je willen dat ze je even met rust lieten. Maar dat doen ze zelden. Ze willen altijd even aandacht van je. En niemand vraagt zich eerst af hoe ik eraan toe ben.'

In zijn gebruikerstijd kwam zijn naam als voetballer hem nog weleens van pas. Voordat in Amsterdam de verhalen rondgingen over het spoor van onbetaalde leningen die Kieft door de stad zou trekken, kon niemand zich nog voorstellen dat de ex-international moeite zou hebben om ooit een paar honderd euro terug te betalen. Taxichauffeurs zagen veel door de vingers. Ze vonden het veel te leuk dat ze eindelijk eens tegen hem konden zeggen dat ze er destijds bij waren geweest, tegen Ierland. Ze zaten toen allemaal precies in de baan van de bal.

In de cafés ging soms veel op de pof, op straat ook. Met alle gevolgen van dien. De meeste Amsterdamse cokedealers hanteren niet zulke gunstige voorwaarden voor cliënten die later willen betalen. Wie uitstel wil, moet de volgende keer dubbel betalen. Zo raakte Kieft snel door zijn geld en door zijn bevoorraders heen. Op het einde van de rit pofte hij bij dealers in ruil voor alles. Hij gaf zijn pasjes af, zijn identiteitskaart, zijn rijbewijs, alleen maar om te kunnen krijgen wat hij nodig had: cocaïne.

Honderden smoesjes, halve waarheden en hele leugens heeft hij in de loop van die wanhopige jaren verteld. De ene keer was de deur in het slot gevallen met de sleutel aan de binnenkant en verleidde hij een vriend hem geld te lenen voor de slotenmaker. Een kwartier later verdwenen de biljetten rechtstreeks in de handen van een gehelmde jongeman op een scooter, die met dezelfde snelheid weer uit het zicht vertrok als waarin hij gekomen was. 'Hoe meer je verslaafd raakt aan dat spul, hoe verder je je grenzen verlegt. Je doet allerlei dingen die volledig tegen je natuur indruisen. Je loopt gewoon om twee uur 's nachts een café in, probeert daar te scoren en snuift het gewoon onderweg al op, bijna open en bloot, of je verleidt wildvreemden om je geld te lenen. Je gaat steeds verder. Dat spul schakelt je geweten uit. Net zolang tot je geld gaat vragen aan mensen die geen nee kunnen zeggen. Vrienden. Familie.'

Een van die vrienden is Kees Jansma, de huidige perschef van Oranje en tv-presentator. Ze kennen elkaar al heel lang. De band werd al hecht in West-Duitsland, toen

Kieft nog als een mokkende puber op zijn Adidas-slippers door het spelershotel slofte en Jansma intussen met een grote microfoon achter Rinus Michels aanrende, want het EK'88 was natuurlijk niet alleen het toernooi van de kopbal van Kieft en de volley van Van Basten, maar ook van Kees Jansma.

Het waren andere tijden. Gullit droeg nog *dreads*, Michels was nog niet dood en sportjournalisten werden nog niet als melaatsen gezien. Op weg naar München, Gelsenkirchen, Hamburg of al die andere gedenkwaardige plaatsen, trokken pers en spelers onderweg nog gezamenlijk met elkaar op. 'In het vliegtuig vroeg ik altijd of Kees naast me wilde komen zitten. Gezellig. Kees is een goede verteller. Hij heeft een heel leuke zelfspot. Een charmante man en heel daadkrachtig. Een harde werker ook. Perfectionistisch. Eigenlijk alles wat ik niet ben, zal ik maar zeggen. Toch konden we het al snel heel goed met elkaar vinden.'

De laatste jaren probeert Jansma op de achtergrond het leven van zijn vriend de juiste kant op te sturen, zo goed en zo kwaad als dat gaat. Hij onderhoudt het contact met de schuldsanering.

Degene die de rest van de financiële chaos rond Kieft moet proberen te ontwarren is Manon Boodt, voormalig werkneemster van Kiefts oude managementbureau. Eens in de zoveel tijd krijgt ze van haar cliënt een rugzak overhandigd die uitpuilt van de officiële enveloppen, de meeste blauw van kleur of afkomstig van incassobureaus, deurwaarders of andere geldeisers. Het merendeel is niet geopend. Zij is ook degene die zijn budget bewaakt en die hem om de dag een bedrag overmaakt waarmee hij boodschappen kan doen. Ze wil hem niet per week betalen, omdat ze bang is dat hij het geld er dan in twee dagen doorheen jaagt. Ze is streng. Hij krijgt een paar tientjes per dag om in zijn levensonderhoud te voorzien; een bedrag dat binnenkort door de schuldsanering nog wordt verlaagd. Kieft zegt altijd dat hij een beetje bang van haar is.

Waarschijnlijk is dat geen grapje.

Niks

-Wat doe je de hele dag?

'Weinig.'

-Weinig?

'Ja, bijna niks. Ik ga dus meestal naar zo'n meeting. Ik mediteer veel en hou mijn dagboek bij, vul keurig mijn vragenlijstje in. Maar verder doe ik niet veel, behalve dan praktische dingen. Mijn middelste dochter woont bij me, dus het is vaak boodschappen doen, eten koken, dat soort dingetjes. En als de jongste bij me is, breng en haal ik haar natuurlijk ook van school. In het weekend en op maandag werk ik, soms ook doordeweeks. *Sport1*, *Voetbal International* en verder elk programma dat me vraagt. En ik heb een column in *De Telegraaf*.'

-Oké.

'Ja. En vroeger zat ik natuurlijk altijd in de kroeg.'

-Altijd?

'Ja, bijna wel. Toen had ik elke dag om een uur of vier 's middags wel de neiging om aan mezelf te vragen: Zo Wim, waar gaan we nu eens iets drinken?'

-Om vier uur 's middags?

'Nou, eerlijk gezegd: eigenlijk al om twaalf uur 's middags.'

STAPPENWERKBOEK NARCOTICS ANONYMOUS
Stap 1, bladzijde 11

VRAAG 57
-Op welke manieren heb ik een begin gemaakt met eerlijk te zijn in mijn herstel?
'Heb aan belangrijke relaties toegegeven dat ik verslaafd ben, weer in kliniek ben geweest en heb hulp gevraagd. Is zo fijn om eerlijk te zijn. Helpt me enorm. Opent deuren. Mensen waarderen het, steunen me. Echt fantastisch. Hoef niet meer te liegen en me te verstoppen.
Hulp vragen. Vertellen hoe ik me voel.'

'Kees, je raadt nooit wat er is gebeurd'

Kees Jansma was ook de man die Wim Kieft na zijn loopbaan manoeuvreerde in de rol van tv-analist en co-commentator. Het was een zet in precies de juiste richting. Kieft bleek in staat een origineel geluid toe te voegen aan het korps van topvoetbal-watchers. Vaak onderkoeld, soms opeens lyrisch of kwaad, en zelden ontsierd door een cliché. 'Kees heeft me naar de NOS gehaald. Mocht ik samen met Hans Kraay sr. wedstrijden analyseren. De eerste was geloof ik Ajax-AC Milan. De terugkeer van Gullit in Amsterdam. Ging het publiek fluiten. Heel erg vond ik dat. Daarna kwam SuperSport erbij. En later Canal+. Een mooie tijd. Op woensdag vloog ik naar Italië voor Lazio Roma-AS Roma en dan door naar Londen voor Arsenal-Manchester United en Chelsea-Liverpool, en dan ook nog even door naar Birmingham voor Aston Villa-Newcastle United. Een mooie tijd was dat. Lekker met Kees in Londen, dat was altijd gezellig. Toen dronk ik alleen nog maar meer dan gemiddeld. Ik vond het werk leuk en we werden steeds beter bevriend. Mijn baantje bij *Sport1* dank ik aan hem. Alleen al op gebied van werk heb ik veel aan hem te danken.'

Jansma herkent in Kieft in potentie de Gary Lineker van Nederland. Hij heeft hem al vaker aangespoord een paar cursussen te nemen die hem op televisie van pas zouden komen. Ook Lineker had eerst wat lesjes dictie en presentatie nodig, voordat hij van ex-spits van Leicester City transformeerde tot de soepele en onberispelijke presentator op tv. Maar Kieft is er nooit aan begonnen. Daadkracht is geen eigenschap die goed bestand is tegen een cokeverslaving.

Als analist doet Kieft iets wat weinig van zijn collega's op televisie doen. Hij bedient zich van het under- in plaats van het overstatement. Hij heeft hetzelfde wat Willem van Hanegem ook heeft: een natuurlijke aanleg tot brommen, een afkeer van alles wat op toneelspelen lijkt en de neiging om elke opschudding zo veel mogelijk te relativeren, tenzij het echt niet anders kan. Wanneer hij een middenvelder in de eredivisie betitelt als 'wel een aardige speler' is de kans groot dat die het seizoen daarop z'n debuut maakt in de Premier League.

Echt enthousiast wordt Wim Kieft alleen van de absolute top. Ronaldo, de Braziliaan, noemt hij zijn idool. Wim Kieft kan zich soms vervloeken om zijn eigen hardheid, maar in zijn fascinatie voor grote voetballers heeft hij altijd iets kinderlijks gehouden. Als vijftiger kan hij nog net zo wild worden van Cristiano Ronaldo als hij vroeger als twintiger werd van Paolo Rossi.

Kees Jansma heeft vroeger eens een schilderij van Paolo Rossi laten maken voor Wim Kieft. Het was een verjaardagscadeautje. Hij overhandigde het bij een dinertje in Amsterdam. Als Kieft zijn ogen sluit, ziet hij zijn soms licht ontvlambare vriend weer restaurant Dynasty in lopen, zwetend, vloekend en een uur te laat omdat hij zijn auto weer niet kwijt kon in die pest-pokken-stad. Het enorme gevaarte dat Jansma met zich meesleepte was een zeefdruk van buitenaards formaat, een afbeelding van de beroemde goal die Paolo Rossi maakte in de WK-finale van 1982. Een exclusief vervaardigd werk, strak ingelijst en op de achterkant voorzien van een persoonlijke boodschap van de ene aan de andere vriend. 'Echt een geweldig cadeau,' zegt Kieft. 'Echt prachtig.' Maar op de terugweg naar huis, een paar flessen wijn later en met het geronk van de wegrijdende taxi nog in het gehoor, vraagt Wim Kieft zich opeens af waar hij ook alweer zijn schilderij heeft gelaten.

Een dag later moet hij zijn vriend bellen. Dat gesprek verloopt zo:

'Met Kees.'

'Met Wim.'

'Ha Wim.'

'Kees, je raadt nooit wat er is gebeurd.'

'Nou, verras me eens, Wim.'

'Ik heb je cadeau per ongeluk in de taxi laten liggen.'

In al zijn oncontroleerbare losbandigheid heeft Kieft

zijn vriend ook in de jaren daarna nog vaak teleurgesteld. Hij schaamt zich daar tegenwoordig steeds meer voor. Dat gevoel heeft hij bij wel meer echte vrienden. Fred Rutten, presentator John van Vliet, zelfs Johnny van 't Schip die al meer dan dertig jaar zijn gabber is: hij heeft ze allemaal weleens een leugen verteld, een belofte gedaan die niet werd gehouden, of ze om geld gevraagd dat nooit werd terugbetaald.

'Met veel mensen uit het verleden is de band beschadigd. Ik heb het gevoel dat ze toch een beetje op me neerkijken, omdat ik tegen ze heb gelogen, dingen heb verzwegen en zo diep ben gevallen. Dat vind ik niet prettig. Maar het is mijn eigen schuld. Ik kan het die mensen niet kwalijk nemen.' Vandaar dat hij tegenwoordig zelf ook maar wat afstand neemt van zijn oude vriend Jansma. Hij voelt dat er iets is gebroken aan de andere kant en wil zich niet opdringen. Liever koestert hij het warme gevoel dat hij nog steeds heeft. 'Wat Kees allemaal voor mij heeft gedaan, is fantastisch. In de kliniek was hij de eerste die me opzocht. Hebben we samen nog verschrikkelijk veel zitten eten in die privékamer van me. We hebben samen veel gehuild later, maar zijn ook altijd wel blijven lachen. Kees heeft een zelfspot waar ik erg van hou. Hij is op z'n best wanneer hij over zijn huwelijken gaat vertellen. Ik was getuige op zijn laatste bruiloft. Was mooi. Kees helpt me nog steeds. Het contact tussen ons is iets minder intens dan voorheen. Maar daar heb ik ook alle begrip voor. Voor Kees geldt wat ook geldt voor Johnny van 't Schip, Fred Rutten, Johnny van Vliet en meer van dat soort mensen. Ik mag echt heel gelukkig zijn dat ik die om me heen heb, dat meen ik echt.'

Wiemme Kiefte

'Ik heb in mijn leven maar drie lange relaties gehad. Vijftien jaar getrouwd geweest met Sylvia, zeven jaar met Hermione en zeven jaar met Suzanne.'

-De laatste zeven jaar waren het meest turbulent, schat ik zo.

'Ja. Door onze karakters en ook wel gedeeltelijk door mijn gebruik natuurlijk. Er zijn zo veel rare dingen gebeurd toen ik met Suzanne was... '

-Noem eens iets.

'Ik was met haar op het strand. Ergens in Zuid-Frankrijk. We kregen ruzie. We kregen in bepaalde periodes altijd ruzie trouwens, maar dat is weer een ander verhaal. Ik zei: bekijk het maar, ik ga terug naar het hotel. Ik gebruikte toen al veel. Eenmaal in dat hotel zit ik nog niet op het balkon, of ik krijg via sms ook ruzie met mijn eerste vrouw, die gewoon in Amsterdam zit. Ik denk: lekker relaxte vakantie zo. Uit woede wil ik het flesje bier dat ik in mijn hand heb op de grond gooien, maar ik mis. Ik gooi het per ongeluk op het dak van een auto. Mijn eigen auto. Die had ik vlak daarvoor onder het balkon geparkeerd. Bijgoochem die ik ben.'

'Eerst komt Suzanne binnen. We beginnen weer te bekvechten, in dat kleine hotelkamertje. Even later wordt er geklopt. Stormen er drie agenten binnen. Die sprongen alle drie gelijk op me. Ik heb gevochten voor mijn leven, maar uiteindelijk sloegen ze me in de boeien. Werd ik afgevoerd en op het bureau in een cel gegooid. Ik ging gelijk schreeuwen dat ik daar niet tegen kon en dat ik claustrofobisch was en geen adem kreeg. Toen namen ze me mee naar het ziekenhuis. Geboeid. Gewoon in mijn zwembroek. Ik had verder alleen een hemdje aan. Ik droeg niet eens schoenen. Die dokter onderzocht me. "Niets aan de hand met hem," zei hij. Lekker dan.'

-En toen?

'Toen werden die agenten natuurlijk helemáál witheet op me. Ze duwden me met handboeien en al richting de uitgang. "Au revoir, monsieur Kieft," zegt die receptionist van het ziekenhuis nog. En toen veranderde alles. "Kiefte?", zegt die ene agent. "Wiemme Kiefte? Le joueur de Bordeaux?" Bleek die vent een voetballiefhebber te zijn. Toen werd het al snel een stuk vriendelijker in dat politiebusje. De boeien gingen in elk geval af. Bij aankomst op het bureau hadden we al flink over voetbal gekletst. En toen ik aankwam op dat kleine bureautje werd ik door hen uitgenodigd. Om vier uur, als hun dienst erop zat, zouden ze een feestje geven in de binnentuin. Ik was welkom. Heb ik daar gezeten met zeven agenten, onder wie twee vrouwen.'

-En?

'Ja, het was heel gezellig. Ik heb ongemerkt in twee uur tijd een fles whisky leeggezopen en intussen verhalen over voetbal verteld. Om elf uur moest ik wel weer terug naar mijn cel. Daar viel ik gelijk in slaap. De volgende ochtend om elf uur werd ik weer vrijgelaten. Ik had een gigantische kater en nog steeds alleen mijn zwembroek en mijn hemdje aan. Toen ik op blote voeten naar buiten kwam, en met mijn ogen knipperend tegen de zon naar het hotel terugliep, kwam na een tijdje Suzanne langs, in de auto. Ze toeterde en ging uit het raampje hangen. "Hé Wimpie," zei ze. "Gaat wel lekker met jou, hè?"'

STAPPENWERKBOEK NARCOTICS ANONYMOUS
Stap 10, bladzijde 117

VRAAG 66
-Had ik vandaag last van buitensporige emoties? Welke waren dat, en wat was daarvan de oorzaak?
'Voel me verdrietig. Wijt dit aan slecht programma volgen.'

'Ik was blij dat ik weer in de tram zat'

Gisteren is Wim Kieft in een All You Can Eat-restaurant in Bos en Lommer geweest. Zijn moeder werd 81 jaar. De hele familie was erbij. In het restaurant hingen waarschuwingsbordjes aan de muur. Wie van het bestelde eten te veel liet staan, riskeerde een boete. 'Ik was blij dat ik weer in de tram zat,' zegt hij.

Noodgedwongen reist hij altijd per openbaar vervoer. Of hij nu naar *Sport1* moet in Amsterdam, naar *Voetbal International* in Hilversum, naar een schnabbel in Zwolle of een lezing in Heerenveen: alles gaat per trein. Hij zit altijd eerste klas. Maar hij betaalt altijd tweede klas. Of hij betaalt helemaal niet. Op de perrons waar hij komt, hoopt hij altijd op zo min mogelijk medereizigers. Vaak gaat hij automatisch helemaal in de hoek staan, zo ver mogelijk uit het zicht. Hij heeft niet altijd zin om midden in de nacht op Station Wezep over die goal tegen Ierland te moeten praten.

Wanneer hij zich na een wandeling van huis naar station en dan een treinreis naar Hilversum meldt voor de uitzending van *Voetbal International* en over de brug loopt die het station verbindt met het studiocomplex, kan hij de blinkende directeursauto van zijn ex-ploeggenoot René van der Gijp onder zich door zien schieten. Het is een grote gave van Wim Kieft dat hij hierover niet verzuurd is geraakt. Niemand binnen de muren van de studio heeft hem ooit horen klagen over geldgebrek. Het is geen thema, behalve in onschuldige grapjes. Die gaan meestal over het tempo waarin hij op uitzenddagen de schaal met broodjes leegeet. Ze staan op de redactie van *Voetbal International* traditioneel klaar voor de hoofdrolspelers, die ze al even traditioneel met geen vinger aanraken. Van der Gijp is vaak net wakker als hij binnenkomt en heeft daardoor nog geen trek. En Derksen eet alleen droog, bruin brood met plakken kaas; zoiets aanstellerigs als sla tussen je sandwich bijvoorbeeld, laat staan een likje pesto, vindt hij 'grote onzin' en 'je reinste lulkoek' en dus raakt hij uit principe niets aan, ook al sterft hij van de honger. De broodjes worden dan ook altijd in hetzelfde vershoudfolie weer weggehaald als waarin ze een paar uur eerder zijn aangeleverd. Tenzij dus Wim Kieft te gast is. Die stort zich bij binnenkomst meestal op de schaal, als een drenkeling op een reddingsboei.

Koud

-Denk je dat je lichamelijke gezondheidsklachten aan het drugsgebruik hebt overgehouden?
'Dat vroeg ik me toevallig vandaag ook af. Gelukkig wijst niets er nog op. Wel merk ik dat mijn lichaam nu begint te reageren op het langdurig clean zijn.'
-Hoe dan?
'Alles begint weer min of meer normaal te functioneren.'
-Waar merk je dat dan aan?
'Ik was vanmiddag bij een vriend. Daar kreeg ik het op-

eens koud. Dat had hij nog nooit meegemaakt, zei hij, dat ik vroeg of de verwarming aan mocht. En dat klopte. Ik had het vroeger inderdaad nooit koud. Dat is pas iets van de laatste tijd. Mijn lichaam hoeft tegenwoordig niet meer zo veel te verbranden om alle rotzooi eruit te krijgen. Vroeger wel. Dan kreeg je het heel snel warm en ging je zweten als een gek. Echt jongen, ik liep altijd in mijn T-shirt op straat. Ik leek wel gek.'

-Werd je in de kliniek vaak lichamelijk onderzocht?

'Ja. Bijna alle onderzoeken waren bovengemiddeld. Daar heb ik geluk aan. Een menselijk lichaam kan kennelijk veel hebben. Al werd het op een gegeven moment wel link toen ik ook veel medicijnen begon te gebruiken. Slaappillen, coke en veel drank: dat is geen fijne combinatie. Mijn lijf was soms dagen bezig om het gif eruit te krijgen. Ik zweette me rot. Daarom deed ik vlak voor elke tv-uitzending ook altijd zo laat mogelijk mijn overhemd aan. Ik was altijd als de dood voor een spontane transpiratie-aanval, live op tv.'

STAPPENWERKBOEK NARCOTICS ANONYMOUS
Stap 4, bladzijde 47

VRAAG 38
-Hoe heeft mijn angst om gekwetst te worden mijn vriendschappen en liefdesrelaties beïnvloed?
'Vaak ging ik niet omdat ik me slecht op mijn gemak voelde, verlegen, onhandig, niet echt geïnteresseerd. Anderen kregen daar genoeg van.'

'Beetje een grote stap, van PSV 1 naar het kliniek-elftal van Best'

Misschien wel het meest verbazingwekkende aan de bizarre vlucht die het leven van Wim Kieft heeft genomen, is dat hij al die tijd gewoon in de openbaarheid is blijven functioneren. Geen kijker heeft ooit gemerkt hoe erg hij er soms aan toe was. De oude televisiewet die zegt dat de camera onbarmhartig is en dat het scherm automatisch alles uitvergroot, leek op hem niet van toepassing.

'Het klinkt misschien gek, maar ik ben mijn werk altijd heel serieus blijven nemen. Ik heb me gelukkig altijd gerealiseerd dat ik dat niet óók nog moest kwijtraken. Zelfs toen ik me had laten opnemen in de kliniek, nam ik nog de trein naar Hilversum om te gaan werken. En dan gelijk na de opname weer weg, voor de zekerheid snel terug naar het zuiden. Nee, voetbal is altijd een geweldig goede afleiding voor me geweest. Ik klink soms misschien een beetje somber over mijn eigen voetbalverleden, maar dan kun je toch zien hoe diep de liefde voor dat spel moet zitten. Het is me, ondanks alles, altijd blijven boeien.'

Wim Kieft kan zich ook nog steeds opwinden over kleine zaken. Geef hem een sportkatern en het duurt niet lang of het schamperen begint. Ook vandaag weer, op de bank achter de schermen bij *Voetbal International*, kun je hem vanachter het knisperende papier bij sommige berichten horen grommen. 'Hé!', zegt ie meestal na een tijd, tegen niemand in het bijzonder, terwijl hij dan op een foto van bijvoorbeeld Louis van Gaal tikt 'die begint er nu zelf ook in te geloven, hè?'

Wim Kieft mag zijn eigen loopbaan als spits dan wel constant doodrelativeren, en alle prijzen die hij heeft gewonnen ook, het voetbal is altijd een grote kracht in zijn leven gebleven. Hij is in veel opzichten laconiek, maar over voetbal kan hij zich nog oprecht opwinden. Hij heeft een paar pijnpunten. Schwalbes en alles dat in het veld naar toneelspel neigt, werken bij hem als een lap op een rode stier. Mediageilheid ook. Trainers die tijdens een wedstrijd negentig minuten lang als een losgeslagen roofdier langs de lijn draven, die kan hij wel doodschieten. Net als trainers die zich arrogant opstellen of die zich laatdunkend uitlaten over hun eigen spelers. Wanneer hij een coach vanaf de bank een wegwerpgebaar ziet maken naar een van zijn eigen spelers, al is het voor lege tribunes in de tweede divisie van Albanië, dan nog kan Wim Kieft in Hilversum ontploffen van woede.

Het is mooi te zien dat het voetbal hem, ondanks alles, nog zo weet te raken. Het is altijd belangrijk voor hem gebleven, ook nadat hij zelf zijn kicksen allang had opgeborgen. Het verklaart ook waarom hij zo terneergeslagen kan klinken wanneer hij hoort over spelers die hun carrière vergooien aan de verleidingen van het nachtleven. Kieft mag dan na zijn loopbaan alles hebben gedaan dat God verboden heeft, als speler was hij het toonbeeld van een serieuze prof. 'Het is zo zonde, die talenten die ten onder gaan aan geld en uitgaan en vrouwen. Wat is er nu mooier dan als voetballer de beste zijn, beslissend zijn, fit zijn, klaar om uit te blinken? Het is toch heerlijk om iets te doen waar je goed in bent, iets waarin je op je talent kunt vertrouwen? Dat is wel een herinnering die ik koester aan sommige momenten in mijn leven: de wedstrijden waarin het lekker liep, waarin ik niet hoefde na te denken, waarin alles vanzelf leek te gaan. Soms had ik zulke periodes. Dan was elke kopbal raak, dan stond ik telkens op de goede plek. Dat waren wel magische momenten, of zo. In zulke wedstrijden voelde je je helemaal vrij. Dat gevoel had ik heel erg in het eerste seizoen bij PSV, na mijn terugkeer uit Frankrijk. Ik was toen terug in Eindhoven, was in vorm, het team was sterk en geroutineerd en ik voelde me op mijn gemak. Ik had niet het gevoel dat ik erg onder druk stond, ik kreeg vertrouwen van iedereen en het scoren ging me weer heel makkelijk af. Dat was een heerlijk, onbevangen seizoen. Dat is een van de weinige seizoenen waarin ik echt mezelf durfde te zijn in het veld.'

Voetballen doet hij bijna nooit meer. 'In de kliniek was er zo'n jongen met wie ik wel aardig kon omgaan.

We brachten steeds meer tijd met elkaar door. Op een gegeven moment begon ie over voetbal. Toen werd ie overmoedig. "Wim, we hebben hier binnenkort een voetbaltoernooi. Wil jij misschien met ons team meedoen?" Maar daar heb ik toch maar voor bedankt, als jij het tenminste niet erg vindt. Vond ik een beetje een grote stap, van PSV 1 naar het kliniek-elftal van Best. Vind je toch niet erg, hè? Nee, de laatste keer dat ik voetbalschoenen aanhad was met de oud-internationals. Als invaller, net als vroeger, dus er zit nog steeds niet veel progressie in.'

Dan komt de opnameleider van het programma binnen. Nog een paar minuten, dan worden de heren verwacht in de studio, voor wat presentator Wilfred Genee altijd 'alwéér een aflevering van *Voetbal International*' noemt. Kieft trekt zijn shirt uit en haalt een overhemd uit een plastic tasje van Albert Heijn. Hij mag dan inmiddels 52 zijn, hij heeft het bovenlichaam van een topsporter. Geen gram vet. Hij dankt het aan al die keren dat zijn vriend Johnny van 't Schip hem uit zijn isolement probeerde te halen door hem op te halen voor een bezoek aan de sportschool. Als je niet beter wist, zou je zeggen dat hij op weg is naar de middenstip van het PSV-stadion voor de aftrap, in plaats van naar een bloedhete televisiestudio vol camera's en vreemde mensen.

Moe

-Hoe gaat het, Wim?

'Ik ben moe, jongen. Zo moe.'

STAPPENWERKBOEK NARCOTICS ANONYMOUS
Stap 10, bladzijde 117

VRAAG 12
-Heb ik het laten gebeuren dat ik hongerig, kwaad, eenzaam of moe werd?
'Ja, slecht gegeten. Isoleer me te veel laatste tijd. Yoga was misschien te zwaar.'

'Soms viel ik op live op tv bijna in slaap'

Anderhalf uur later, als de uitzending voorbij is, vraagt hij in tegenstelling tot zijn collega's nooit aan iemand wat hij of zij ervan vond. In plaats daarvan rookt hij zwijgend een sigaret, knoopt net zo zwijgend zijn overhemd los en schiet weer in zijn favoriete T-shirt, zwart, met een V-hals. Dan is het nog een spa rood, even uitblazen op de bank, een laatste broodje misschien, een tikje op de kont van René van der Gijp, een hand voor Johan Derksen, een aai over de rug van het meisje van de make-up en dan te voet de nacht in, op weg naar station Hilversum

Media Park, voor de treinreis terug naar station Amsterdam RAI. Vandaar wandelt hij dan door donker Oud-Zuid naar de Rivierenbuurt. Als hij eenmaal boven is en de gordijnen heeft gesloten moet hij eigenlijk nog even mediteren, maar vaak heeft hij daar de energie niet voor en valt hij als een blok in slaap.

Vroeger, bij Canal+, dreigde hij ook weleens live tijdens de uitzending in slaap te vallen. Dat was minder handig. Het was in de tijd dat hij 's nachts door zijn huis spookte en van alles deed, behalve uitrusten. Flessen wijn achter de bank verstoppen bijvoorbeeld, terwijl er niemand was om het te ontdekken. Urenlang en strak van de coke op een stoel in het niets staren of in bed met wijd opengesperde ogen van angst naar de geluiden van de stad luisteren. 'Sommige regisseurs hielden er volgens mij al rekening mee dat het gevaar bestond. Het is gelukkig niet vaak voorgekomen, maar soms viel ik live op tv bijna in slaap. Het is best weleens gebeurd dat de presentator aan zo'n lange inleiding bezig was, dat mijn ogen als vanzelf dichtvielen. Dan werd er snel overgeschakeld naar een ander beeld.'

Kieft lacht een wrang lachje. Maar hij heeft het nog

niet gezegd of een paar dagen later circuleert op internet een clip waarin hij de hoofdrol speelt. Het is een fragment uit een recente aflevering van *Voetbal International.* Aan het hoofd van de tafel is Johan Derksen weer eens aan een van zijn Fidel Castro-achtige tirades begonnen. Na een tijdje schakelt de regisseur over naar een andere camera. Nu zien we Wim Kieft in beeld. In plaats van zijn gebruikelijke zwarte T-shirt, draagt hij een paars overhemd. Hij heeft zijn rechterelleboog op tafel en steunt met zijn hoofd op zijn hand, zijn hoofd richting Derksen gedraaid, die net lekker op stoom raakt. Het is een pose die een verregaande vorm van aandacht moet suggereren, ware het niet dat Wim Kieft zijn ogen dicht heeft. Roerloos zit hij in zijn stoel, rond zijn mondhoeken schemert een tevreden glimlach. Dan schakelt de regisseur snel weg, maar net te laat. Hij kan niet meer voorkomen dat je Wim Kieft in een flits plotseling wakker ziet schieten.

Helder

'Het klinkt misschien raar, maar ik ben een heel gevoelig mens.'

-Klinkt helemaal niet raar.

'Het verbaast me hoe mijn gevoel totaal was afgevlakt. Ik was de laatste jaren egoïstisch, egocentrisch en onbetrouwbaar geworden, en redelijk gevoelloos. En op momenten dat ik wel ergens gevoelens over had, ging ik snel weer gebruiken.'

-En nu?

'Nu is het verbazingwekkend te merken dat je langzaam maar zeker weer helder wordt. Wat ik tegenwoordig allemaal wel niet voel op een dag! Daar word ik knettergek van, jongen.'

-Dat zal best.

'Het is net of je weer vijftien bent. Je kunt het gevoel niet benoemen. Je voelt iets, maar je weet niet wat. Is het blijdschap, verdriet, woede, jaloezie? Je weet het zelf niet. Omdat je dat gevoel twintig jaar lang hebt afgevlakt met die rotzooi. Je moet helemaal opnieuw leren voelen. Of klink ik nu te klef?'

-Nee hoor.

'Oh, gelukkig. Ik ben van jongs af aan altijd supergevoelig geweest voor licht. Toen ik nog heel klein was, beïnvloedde dat mijn stemming al. Nu komt dat allemaal weer terug. Toen ik gebruikte, had ik dat niet. Toen wist ik niet eens of het dag of nacht was. Maar nu herken ik het terug. Net als die totale rusteloosheid die ik vroeger kon hebben.'

-Wat voor rusteloosheid?

'Rusteloosheid, verveling, blokkade, ik weet niet hoe ik dat gevoel moet omschrijven. Had het vroeger ook in de trainingskampen met Pisa en Torino. Verschrikkelijk. Of thuis. Dat herinner ik me nog als jongetje: thuiszitten en maar niet kunnen bedenken wat je gaat doen. Niets. Om gek van te worden. Maar laten we niet overdrijven, hè? Ik ben over het algemeen van nature een vrolijk mens.'

-Ik merk het, ja.

'Nee, echt. Ik ben heel optimistisch ingesteld. Maar op zulke momenten kan ik mezelf helemaal knettergek denken. Ik herinner me vooral de zondagen, als jongetje. Vreselijk. Al wakker worden met een steen op je maag. De hele tijd die vraag: wat ga je doen? En niets kunnen verzinnen. Is het vier uur 's middags en zit je van armoede handbal te kijken. AMC Niloc tegen Quintus. Of de paardenkoersen op Duindigt. Heb ik vaak gedaan. Daardoor ken ik de meest obscure sporthelden uit de jaren zeventig. Bert van der Helm en Hennie Stamsnijder: ze interesseren me niet, maar ik heb ze allemaal gezien. Ik heb ook alle zwart-witfilms gezien die de Belgische tv op zaterdagmiddag liet zien en meer motorcross dan me lief is. Er was in mijn herinnering niks te doen op zondag en alles was altijd dicht. Somber weer en er is geen fuck te doen: dat is mijn jeugd. Nou? Wat denk je?'

-Wat?

'Zal het wel helemaal goed met me gaan, dokter?'

STAPPENWERKBOEK NARCOTICS ANONYMOUS
Stap 4, bladzijde 48

VRAAG 58
-Hoe kan ik gedrag veranderen zodat ik gezonde relaties kan aangaan?
'Mijn eigen weg gaan. Minder goedkeuring willen van anderen. Mezelf ontwikkelen.'

'De enige BMW in de Celebesstraat'

Voordat Wim Kieft zich per trein door het land begaf, reed hij nog gewoon auto. Dat was niet altijd een daverend succes. Als het moet, kan hij een waslijst aan botsingen, bekeuringen en bezoekjes aan het politiebureau opnoemen.

'Mijn eerste auto die ik kocht was een BMW. Tweedehands. Ik speelde net in het eerste van Ajax. Mijn moeder had er keurig een deel van mijn salaris voor opzijgezet. Met Hans Galjé, de keeper, en nog een paar jongens, reden we naar 't Gooi, naar de autodealer, om dat ding op te halen. Bij het verlaten van de garage kwam ik al bijna onder een bus. Terug reed ik met 140 kilometer per uur richting Amsterdam. Ik vond 'm wel veel herrie maken. Pas ter hoogte van Schiphol kwam ik erachter dat ik de hele snelweg lang alleen maar in z'n drie had gereden. Ik had nog maar een paar weken mijn rijbewijs.'

'Mijn eerste ongeluk heb ik met diezelfde BMW gehad. We hadden tegen FC Groningen gespeeld. Ik had drie keer gescoord. Ik ging de stad in om het te vieren. In de Wibautstraat verloor ik de macht over het stuur. Ik kwam tot stilstand tegen een ketel van de Heineken Brouwerij. De volgende dag stond er een foto van in de krant. 'Wim Kieft alleen te stoppen door biertank' stond erboven. Later bleek dat eigenlijk wel te kloppen. Ik was met mijn kop tegen de ruit geknald en had een hersenschudding. Met mijn ribben was ik in het stuur gekomen. Ze waren gekneusd. Het kostte me de Europa Cup-wedstrijd tegen Celtic. Dat is me later nog duur komen te staan, want in Glasgow werd het twee-spitsensysteem van Ajax geboren. Ideetje van Aad de Mos. Die bijdehand. Ze wonnen nog ook.'

'Ook mijn tweede BMW reed ik per ongeluk in de prak. Op een van de grachten ritste ik de hele zijkant als een sardineblikje open. Ik was met een paar ploeggenoten onderweg naar de fysiotherapeut, we reden met een hele sliert auto's achter elkaar. Ik deed net of ik het niet gemerkt had en reed gewoon door. Halverwege stopte Keje Molenaar. Hij stapte uit. "Wim, dacht je dat we het niet gezien hadden of zo?", vroeg hij. De hele zijkant lag er ongeveer af. Eenmaal thuis parkeerde ik 'm zo dat mijn moeder het vanuit het raam niet kon zien. Tot ze 's avonds de hond ging uitlaten. Toen zag ze wat er gebeurd was. Niet zo moeilijk ook. Ik was de enige met een BMW in de Celebesstraat.'

Auto's zijn z'n hele leven eigenlijk slecht nieuws gebleven. 'Ik kocht een heel dure Mercedes Station. Kostte destijds 120.000 gulden. Belachelijk Na een tijdje ging er een rood lichtje branden. De olie. Ja, bekijk het maar hoor, dacht ik, met je olie. Ik reed gewoon door. Tot de hele motor in de soep lag. Daaag Mercedes. Ik kreeg er nog 1500 gulden voor.'

'De laatste jaren reis ik dus met de trein. Niet erg. Je wordt vaak wel een beetje aangestaard, maar daar wen je aan. Mensen verwachten dat voetballers in dure auto's rijden, niet dat ze op station Slotervaart staan te kleumen. En soms is het ook wel lachen geblazen hoor. Van de week zat er zo'n vent tegenover me in de coupé. Ik voelde gewoon dat hij me had herkend en eigenlijk iets tegen me wilde zeggen. Daar krijg je in de loop der jaren een antenne voor. Maar hij zei niets. In plaats daarvan tikte hij me aan met zijn voet en maakte toen een koppende beweging, net als ik destijds tegen Ierland. Sorry hoor, maar dan weet ik even niet hoe ik daar op moet reageren. Is dat heel erg?'

Buren

-Doe je veel dingen alleen?

'Best wel. Ik ging vroeger altijd alleen naar de film, tot ik geen geld meer had voor de bioscoop. En naar het café ging ik ook in m'n eentje. Niet om te praten, alleen om te drinken. Ik weet niet precies wat dat is, ik vond dat prettig. In het café ontstaat een soort verbondenheid, maar er blijft toch altijd afstand. Dat vind ik prettig. Past bij mij. Ik ben niet iemand die gezellig aanklopt bij de buren. Dat is me veel te dichtbij.'

-Waar ben je bang voor?

'Dat ze iets van mij verwachten. Of dat ze gaan bellen: Wim, kom een keer een kopje koffie drinken.'

-Nou en?

'Wat? Koffiedrinken bij de buren? Hè getver, nee.'

STAPPENWERKBOEK NARCOTICS ANONYMOUS
Stap 4, bladzijde 36

-VRAAG 36
-Op welke wijze zijn hoop, geloof en vertrouwen positieve krachten in mijn leven geworden?
'Hoop. Er dient zich zo veel positiviteit aan, nu ik clean ben. Relatie, werk en reacties op mijn gedrag, dat ik weer zelfvertrouwen krijg en zoveel mogelijkheden zie om beter mens te worden en me uit financiële zorgen te werken. Vertrouwen is voor mij het programma.'

'Oké Wim, hoe voel je je vandaag?'

Wim Kieft doet meestal om een uur of zes in de ochtend zijn ogen open. Of hij nu wil of niet. Buiten is het dan meestal nog donker en vaak is zijn lichaam ook nog moe, maar er is geen ontkomen aan. Zijn hoofd draait dan al op volle toeren.

Het eerste wat hij na het ontwaken doet, is op de rand van zijn bed gaan zitten, dat hoofd met twee handen vastpakken en zich in gedachten, zoals elke ochtend, dezelfde vraag te stellen.

Die luidt:

'Oké Wim, hoe voel je je vandaag?'

De tragiek schuilt erin dat wat het antwoord ook is, er een dag vol geestelijke valkuilen in het verschiet ligt. 'Als ik paniekerig wakker word, of onrustig of somber, ook al is daar geen enkele aanwijsbare reden voor, dan is het voor mij heel moeilijk om dat gevoel kwijt te raken. Ik zou het moeten negeren, of beter gezegd: ik zou het paniekerige gevoel moeten observeren, erkennen dat het er is, maar er verder niet te veel waarde aan hechten en er zeker niet naar handelen. Maar in plaats daarvan maak ik dat rotgevoel vaak juist steeds zwaarder door er obsessief in te blijven hangen. Het kost heel veel kracht om ervoor te zorgen dat het gaandeweg de dag niet steeds sterker wordt en zo ongeveer alles gaat beheersen wat ik doe.'

Maar als het andersom is, wanneer hij op de rand van het bed tot zijn eigen verbazing en opluchting concludeert dat hij zich eigenlijk best oké voelt, dan moet hij ook weer oppassen dat hij niet wordt overmand door de angst om dit gevoel weer kwijt te raken. Zo is het elke ochtend altijd wat in Huize Kieft.

'Ik wil niet zielig overkomen. En het is ook helemaal mijn eigen schuld dat ik er nu zo aan toe ben. Maar dat betekent niet dat het makkelijk is, de fase waar ik nu doorheen ga. Weet je wat het is? Je mag geen moment verslappen. Eén ogenblik van overmoedigheid en het is gebeurd met je. Je zult niet de eerste zijn die sneuvelt. Jongen, ik heb mensen ontmoet die vijftien jaar clean waren en er op een dag tóch weer aan begonnen. Terwijl ze wisten dat ze hun ondergang tegemoet gingen. Ik sta nergens meer van te kijken. Het kan mij ook gebeuren. Het is mij ook al gebeurd. Daarom probeer ik nederig te blijven, realistisch en zo eerlijk mogelijk tegen mezelf. Ik mag niet vervallen in zelfmedelijden. Dat is ook een symptoom van de ziekte. Toch denk ik soms weleens: shit, het is niet niks waarmee ik moet zien te dealen. Het is een probleem dat constant aandacht vraagt. Voor de rest van mijn leven. Dat is weleens een zwaar besef. Vijf keer in de week naar een praatgroep, tussendoor twee of drie keer naar de psychiater, praten over mijn probleem voor een boek: het is best veel. Dat is wel confronterend. Je draagt dit 24 uur per etmaal met je mee.'

Voor iemand die zo diep in de problemen zit, lacht Wim Kieft wel opvallend veel. Zelfspot houdt hem op de been. Op zijn beste momenten kan hij leuk schamper doen over zichzelf, over het leven dat hij nu leidt en de gekte die hij om zich heen ziet. Zijn verslaving heeft hem voornamelijk een enorm pak problemen opgeleverd, maar het plaatste hem ook in situaties die hij vroeger nooit zou hebben ervaren en bracht hem in contact met mensen die hij vroeger nooit zou hebben leren kennen. 'Laatst kwam ik Frans tegen. Frans is ook een verslaafde. Volgens mij is hij dakloos. Frans is ondernemend. Hij probeert altijd een handeltje op te zetten. Meestal mislukt dat. Maar hij probeert het elke keer opnieuw. Met dezelfde overtuiging. Dat soort mensen hebben altijd mijn sympathie. Zo was het vroeger ook al, tijdens mijn voetbalcarrière. Ik kon ademloos naar zo iemand als Tscheu La Ling kijken. Die was zo volkomen anders dan iedereen om zich heen, maar voelde zich daar zó comfortabel bij. Het natuurlijke zelfvertrouwen van dat soort mensen, dat heeft me altijd gefascineerd. Ik zie hem nog op Old Trafford staan, in die wedstrijd tegen Manchester United. Dat ie die back uitdaagde met van die gebaartjes dat hij het maar eens moest proberen. Tscheu was uniek. Een geweldige voetballer, sierlijk in alles, echt een prachtige rechtsbuiten. Maar er waren ook weleens dagen dat het niet liep. Dan probeerde hij zes keer zijn man te passeren met een schaar en mislukte het alle keren. Maar dan toch, de zevende keer en desnoods ook de achtste, met net zo veel bravoure wéér aan die schaar beginnen: die eigenschap heeft me altijd gefascineerd. En zo was Frans dus ook. Een opportunist. Toen ik hem vroeg waar hij de bloemen die hij verkocht eigenlijk zelf vandaan had, boog ie zich naar mij toe en fluisterde in mijn oor: "De Oosterbegraafplaats."'

Zucht

'De echte zucht naar gebruik is na een jaar wel weg. Maar dat heeft lang geduurd. Vooral in het begin vertelde mijn hoofd me de gekste dingen. Ik kon van het ene op het andere moment de kolder in mijn kop krijgen.'

-En dan?

'Dan kostte het heel veel kracht om dat te weerstaan. Ik

herinner me een feestavond met de oud-internationals. Johnny van 't Schip had me meegevraagd. Hij is samen met zijn vrouw Daniëlle altijd een enorme steun voor mij geweest. Ik had ja gezegd, omdat ik ook vond dat ik weer onder de mensen moest komen. Het was november, in Hotel Huis ter Duin in Noordwijk. Ik was een maand of vier helemaal clean. Het was de eerste keer dat ik ergens kwam waar gedronken werd.'

-En, hoe ging het?

'Verbazingwekkend goed. Ik had wel een kalmerende pil van de kliniek ingenomen. Dat wel. En ik had bij binnenkomst in mijn kamer gelijk de minibar laten leeghalen. Uit voorzorg. Die troep moest eerst weg. Er kwam een meisje met een winkelwagentje om al die drank uit mijn kamer te verwijderen. Precies op dat moment kwam Johnny de gang in lopen. Die zag dat meisje in de weer met al die flessen en dacht natuurlijk gelijk dat ze die aan het brengen was, in plaats van aan het halen. "Euh Wim, wat ben je precies aan het doen?", vroeg ie. Heel bezorgd. Dat was wel lachen.'

-En de rest van de avond?

'Ook lachen. Ik had eerlijk gezegd een hartstikke gezellige tijd. De leukste avond sinds jaren. Ik zat aan tafel met Van Hooijdonk, de broertjes Witschge, Johnny, dat soort jongens. De meesten wisten wel van mijn problemen. Het voelde vertrouwd. Er werd om me heen wel gedronken, maar daar had ik geen last van. Toen iedereen aangeschoten begon te raken, ben ik wel vertrokken. Dat gaf me een ontzettend goed gevoel. Ik had het ook zonder drank eigenlijk prima naar mijn zin gehad. En ik had de verleiding weerstaan om mee te drinken. Trots voelde ik me. Ik kon er nauwelijks van slapen die nacht, gewoon van blijheid. De volgende ochtend zat ik op een stoel voor het raam, naar de zee te kijken. Godver, dacht ik bij mezelf, dit is toch wel een overwinning. Ik moest huilen. Ik voelde echt dat ik een stap had gemaakt.'

-Mooi toch?

'Ja. Maar het lullige en het enge is alleen: een seconde later voelde ik me heel anders. Toen dacht ik opeens bij mezelf: ik kan ook nu de cokeboer bellen, dan sluit ik me hier op in deze kamer en dan laat ik roomservice een paar koude flessen Chardonnay brengen. Dat is angstaanjagend, zo'n gedachte die dan uit het niets zo sterk bij je opkomt. Dat je zó de kolder in je kop kunt krijgen.

Het had die dag heel weinig gescheeld, of ik was weer begonnen.'

-Hoe heb je de verleiding toch kunnen weerstaan?

'Ik ben weggegaan uit die kamer en de rest van de dag bij een vriend op de bank gaan liggen. Mediteren. Dat hoofd stilzetten. Dat is toen gelukt. Gelukkig maar. Op die momenten ben ik echt bang voor mezelf.'

STAPPENWERKBOEK NARCOTICS ANONYMOUS
Stap 3, bladzijde 36

VRAAG 36
-Op welke wijze zijn hoop, geloof en vertrouwen positieve krachten in mijn leven geworden?
'Door overgave aan programma is al veel bereikt. Kinderen, vrienden, werk. Minder angst. Zelfvertrouwen gegroeid. Scherp van geest.

'In de gevangenis, in een inrichting of in de dood'

Dinsdagmorgen, iets voor half negen in de ochtend. Aan de rand van de binnenstad, aan de verkeerde kant van de weg weliswaar, komt Wim Kieft aangesjeesd. Hij slaat de hoek om, springt bij de eerste de beste lantaarnpaal die hem bevalt van zijn fiets en gaat dan zuchtend in de weer met een enorm kettingslot.

Straks, als hij tenminste eindelijk dat kolere-slot open heeft gekregen, zal hij zich melden in een van de kleine vertrekken langs een druk trottoir, aan het zicht van de nietsvermoedende voorbijgangers onttrokken door wat vale vitrage. Dit is de plek waar hij dagelijks de meetings van de NA bezoekt. Er zijn nog veel meer van dit soort adressen in de stad, maar het liefst komt hij hier. Hij kent de meeste mensen en de meeste mensen kennen hem. Binnen deze muren is hij Wim, de verslaafde. En allang niet meer Kieft, de voetballer. Dat maakt het allemaal wat makkelijker.

'Ik heb vandaag service,' zegt hij. Hij lacht er spottend bij. Het betekent dat hij de deur moet openen en zich ook de rest van deze ochtend enigszins in dienst moet stellen van de groep. Veel stelt het niet voor. Als hij ervoor zorgt dat de koffie straks iets warmer is dan lauw en verder dat er stoelen genoeg zijn op het moment dat de meeting om klokslag negen uur wordt geopend, dan is het goed. Het is elke dag weer afwachten hoeveel mensen er precies komen opdagen. Soms is het druk, en kan het behoorlijk warm worden in het kleine, bedompte kamertje aan de rand van de stad. Maar soms is er maar een handjevol bezoekers. Zij die terugvallen in hun herstel, verdwijnen. Op een dag ontbreken ze gewoon. Niemand kijkt daar nog van op. Wanneer ze ooit terugkeren, ook al is het voor de zoveelste keer, worden ze weer met open armen ontvangen. Iedereen leert hier dat terugvallen een waarschijnlijk onderdeel van het herstelproces is, maar nooit een reden om de hoop te laten varen voor een volgende poging.

Hoop, dat woord staat ook in grote letters en in het Engels op een van de deuren. De rest van de wanden wordt gevuld met posters of tekeningen die afkickende verslaafden hebben gemaakt. De meeste laten iets zien dat op een zonsopgang lijkt, of een regenboog. Ze zijn voorzien van spreuken uit het 12-Stappenplan dat hier wordt gevolgd. Iemand heeft een Southpark-poppetje getekend. In de tekstballon staat: No Drugs. In dit onooglijke pandje vol tekeningen en oploskoffie, werkt Wim Kieft dagelijks aan zijn herstel. En hij is niet de enige. Aan de grote muur hangt de complete agenda voor vandaag en morgen. Er zijn van 's ochtends negen tot 's avonds negen meetings. Onderaan staan de huisregels. Geest- en stemmingsverruimende middelen hier zijn verboden, net als het gebruik van een mobiele telefoon en het drinken van energydrankjes. In witte letters is het programma van de week genoteerd. Er staan dingen als:

Woensdag 15.00-16.00 NA Beginners – SERENITY
of
Donderdag 19.30-20.30 uur NiCa (Nicotine) – FAITH
of
Vrijdag 15.00-16.00 uur NA Kick of the Weekend – HOPE

Hij wijst op het bord. 'Die meeting op vrijdagmiddag is een goeie, zo vlak voor het weekend. Vrijdagmiddag vier uur is typisch zo'n tijd waarop de meeste mensen de teugels een beetje laten vieren. Ze stoppen eerder met het werk en gaan borrelen. Dat is gevaarlijk, want een verslaafde kan nooit de teugels laten vieren. Eén moment van zwakte kan fataal zijn. Daarom is het goed om daar nog even op gewezen te worden. Want in de gedachten van een verslaafde is het eigenlijk altijd weekend.'

De koffie is inmiddels in ouderwetse thermoskannen overgeschonken, alle aanwezigen hebben een plek gezocht in de sober gedecoreerde kamer, waar alleen een grote witte tafel staat met wat stoelen eromheen. Al snel zwijgt iedereen en is het Amsterdamse straatverkeer nog het enige geluid dat te horen is.

Om klokslag negen uur opent de voorzitter van de dag de meeting. Eerst is er een ogenblik stilte om te bidden. Voor elkaar, voor herstel 'en voor de verslaafden die nog lijden'. In mitrailleurtempo wordt daarna de gebruikelijke routine afgewerkt. Iemand leest een paar alinea's voor uit *Just for Today*, het handboek dat hoort bij deze meetings. Een ander krijgt een geplastificeerde kaart overhandigd en leest hardop de twaalf stappen voor die naar herstel moeten leiden.

Ook Kieft moet iets voorlezen. Hij doet het snel en zonder noemenswaardige versprekingen. Zijn dictie verraadt veel routine. Dat kan ook niet anders. Hij heeft berekend dat hij inmiddels meer dan tweehonderd van dit soort meetings heeft bezocht. Het programma is hier hetzelfde als gisteren, en eergisteren en alle dagen daarvoor. Alle aanwezigen kunnen het wel dromen. Ook hij. Maak hem midden in de nacht wakker, noem een getal tussen de 1 en de 12 en hij dreunt de bijbehorende stap moeiteloos op.

Stap 1: 'Wij kwamen ertoe te geloven dat een Macht groter dan wijzelf ons weer geestelijk gezond kon maken.'

of

Stap 5: 'Wij bekenden tegenover God, onszelf en iemand anders de ware aard van onze fouten.'

Toch probeert hij net als iedereen ook vanochtend zo aandachtig mogelijk te luisteren, al doet hij dat niet met zijn ogen dicht, zoals sommige anderen wel. Het is belangrijk dat hij zich elke dag weer inprent wat zijn doel is en welke stappen hij moet ondernemen om dat doel ook te bereiken. De kracht van deze meeting zit 'm vooral ook in de herhaling.

Af en toe wordt er een zinsnede collectief uitgesproken, om de lading ervan extra waarde te geven. Ook Wim Kieft murmelt dan mee. Bijvoorbeeld wanneer een van de aanwezigen halverwege het lezen aankomt bij de strofe: 'Wij zijn mensen in de greep van een slepende ziekte, waarvan het einde altijd hetzelfde is.' En alsof het even daarvoor nog op de gang is gerepeteerd, vult iedereen dit hardop aan. 'In de gevangenis, in een inrichting of in de dood,' klinkt het dan door het kamertje.

Er zijn hier acht mensen. Zeven mannen en een vrouw. Later zullen er nog drie deelnemers binnendruppelen, onder wie een jonge jongen die de hele ochtend niets zegt.

De voorzitter neemt het woord. Hij zegt dat er nu eerst tien minuten zal worden gemediteerd. Wim Kieft neemt nog snel een hap van zijn krentenbol. Hij is al uren wakker. Hij heeft thuis al koffiegedronken, gedoucht, ontbeten, gemediteerd, gerookt, brood gesmeerd voor Feline, zijn medicijnen ingenomen, nog wat gerookt, ge-sms't, wat vragen beantwoord uit het 12-Stappenplan en een paar alinea's gelezen in zijn *Just For Today*-boek, tot hij zijn aandacht er niet meer bij kon houden, op zijn fiets sprong en nu dus hier zit, in een stoel bij het raam, met een niet al te verse krentenbol in zijn hand.

Iemand haalt zijn mobiele telefoon tevoorschijn. De wekker wordt gezet. Tien minuten gaat iedereen proberen zijn gedachten stop te zetten. Al snel heeft iedereen zijn ogen dicht en daalt er opnieuw een stilte neer in het kamertje.

Het is niet gemakkelijk om je gedachtestroom op commando te stoppen, zeker niet wanneer je brein eraan is gewend 24 uur per dag op volle toeren te draaien. Sommige aanwezigen hebben tijdens het mediteren dan ook een verbeten trek om hun mond, of geven het al na een minuut of zeven op. Wim Kieft niet. Die zit kaarsrecht op zijn stoel bij het raam, de ogen gesloten en zijn armen rustend op zijn bovenbenen, met de palmen van zijn immense handen open en richting hemel gekeerd. Zo, als een pop bij Madame Tussauds, zit hij bewegingsloos op zijn plek, net zolang tot de wekker van de mobiele telefoon afgaat en hem ruw weer terug op aarde zet.

Goor

'Wil ik mijn schulden terugbetalen, dan moet ik natuurlijk wel een klein beetje in beeld blijven hè?'

-Ja, natuurlijk.

'Daarom was ik gisteravond in *Goor*.'

-'Oh?'

'Weet je wel hoe ver dat is?'

-Het klinkt heel ver. Wat moest je daar doen?

'Voor de tienduizendste keer praten over die kopbal tegen Ierland natuurlijk.'

-Je grote hobby.

‘Nee. Het is elke keer hetzelfde liefde. Ik zie die mensen naar me kijken, ik voel dat ze het willen horen. Dus dan denk ik: oké Wim, doe het dan nog maar een keertje. Maar terwijl ik dan aan het praten ben, denk ik bij mezelf: wat ben ik in godsnaam aan het doen?’

-Waarom heb je er zo’n weerzin tegen?

‘Omdat ik dan te veel het middelpunt van alles ben. Daar kan ik niet goed mee omgaan. Dat had ik vroeger ook op verjaardagen. Ik ben dan ook bang dat ik er zelf in ga geloven.’

-Bang?

‘Ja. De meeste fouten in mijn leven heb ik gemaakt op momenten dat ik er zelf in ging geloven.’

STAPPENWERKBOEK NARCOTICS ANONYMOUS
Stap 4, bladzijde 44

VRAAG II
-In welk opzicht getuigt het schrijven van Stap Vier van moed? Vertrouwen? Eerlijkheid? Bereidwilligheid?
'Moed om pijnlijke kwesties weer opnieuw te beleven. Vertrouwen dat ik door programma niets te vrezen heb en God bij me is. Eerlijkheid om ook schaamteloze situaties te beschrijven.'

'Hoi, ik ben Wim, ik ben verslaafd'

Wim Kieft is daarnet in het Vondelpark achtervolgd door een Surinaamse meneer. 'Hé, Bekende Nederlander!', had die meneer heel hard geroepen, toen hij hem op de vroege ochtend door het park zag fietsen, 'Hé! Hé Bekende Nederlander!'

Kieft lachte zo vriendelijk mogelijk en was instinctief ook harder gaan trappen, maar dat hielp niet veel. De man kwam achter hem aan gerend. Misschien wilde hij vertellen dat hij erbij was, destijds tegen Ierland, en dat hij precies in de baan van de bal zat. Maar dat had de hoofdpersoon liever niet afgewacht. Als een raket was hij richting meeting gereden, waar hij nu in een kamertje zit tussen allemaal mensen die hij alleen bij voornaam kent, maar van wie hij in de loop der tijd hun diepste zielenroerselen heeft meegekregen.

Het is al een paar minuten stil. Het laatste wat hier gezegd werd, kwam uit de mond van de voorzitter. 'Wie wil kan zijn verhaal nu sharen met de rest van de groep,' had hij gezegd. Sharen is het delen van ervaringen, zolang die maar niet over gebruik in het verleden gaan. Maar voorlopig zit iedereen nu al een tijdje in het niets te staren. Wim Kieft twijfelt of hij een tweede krentenbol van de schaal zal pakken of niet. Tot er opeens geluid uit de hoek klinkt. Een donkere man met een leren jack neemt het woord.

'Hoi, ik ben Edward, ik ben verslaafd.'

De rest van de groep kijkt hem aan.

'Hai Edward.'

Daarna volgt zijn verhaal. Hij beschrijft de innerlijke worsteling die hij doormaakt, de kleine stapjes die hij maakt in zijn herstel, de valkuilen die hij heeft weten te omzeilen. Na hem volgen er meer. 'Hoi, ik ben Stef, ik ben verslaafd', zeggen ze dan, of 'Ik ben Andrea, verslaafd', of nog korter: 'Jack, verslaafd'.

Daarna beginnen ze te praten. Soms tegen een denkbeeldig iemand in de verte, soms tegen de grond, soms oog in oog met de hele groep. Iedereen heeft zijn eigen problemen, en de een is verder in zijn herstel dan de ander, maar wat ze allemaal gemeen blijken te hebben, is een extreem laag zelfbeeld.

Het is bijna kwart voor tien. Tot nu toe hebben vier mensen zich willen blootgeven, achter elkaar. Maar nu is het alweer een paar minuten doodstil in het kamertje. Tot iemand bij het raam zijn keel schraapt. Het is Willem Cornelis Nicolaas Kieft. Ook hij gaat 'sharen'.

'Hoi, ik ben Wim, ik ben verslaafd.'

De groep reageert als één man.

'Hai Wim!'

Kieft buigt zijn hoofd. Hij wacht even tot er aan de andere kant van het raam een nijdig knetterend brommertje voorbij is getrokken. Dan slaat hij zijn benen over elkaar en zegt: 'Afgelopen week ben ik heel erg verdrietig geweest. Was wel bijzonder. Ik merk dat ik langzaam tot de kern kom. Dat is goed om te merken. Dat ik weer echt een gevoel van verdriet kan ervaren. Ik heb ook het gevoel dat ik mijn hoofd steeds meer op orde krijg. Al was het de afgelopen dagen totaal weg. Door omstandigheden heb ik een paar meetings gemist. Dat merkte ik meteen. Er stak weer een gevoel van onrust in mij op. Ook omdat ik te weinig gelegenheid had gehad goed te mediteren.'

Hij schraapt zijn keel. Er zit een stukje krentenbol dwars.

'Mediteren is fijn. In het begin deed ik het om à la minute kalm te worden. Maar zo werkt het helaas niet helemaal. Maar het helpt me wel om bij mijn gevoel te komen. Dus hoewel ik me de afgelopen dagen niet helemaal top voel, wilde ik dit toch even met jullie sharen. Dank jullie wel.'

Zo verstrijkt de tijd in het kamertje. Soms is het stil, soms noemt iemand zijn voornaam, voegt eraan toe dat hij verslaafd is en begint dan te praten. Tussendoor wordt er voorgelezen, meestal uit *Just for Today*. Ook worden er de traditionele sleutelhangers uitgedeeld. 'Wie is er al dertig dagen clean?', vraagt de jongen in het leren jack. De praatgemeenschap bestaat uit eigen initiatief. Iedereen doet iets. ‘Zestig dagen? Negentig dagen? Zes maanden? Negen maanden?’

Het blijft stil in het kamertje.

‘Een jaar?’

‘Meer dan een jaar?’

‘Achttien maanden?’

Een jongen met zwart haar steekt zijn vinger op.

Er is applaus van de anderen en een knuffel van de voorzitter. De jongen in het leren jack overhandigt hem de sleutelhanger. Daarna is er een lange, innige omhelzing.

‘Geef jezelf en je Hogere Macht een applaus,’ zegt de voorzitter. Dat doet iedereen. Daarna gaat iedereen in een kring staan, de armen over elkaars schouders. De jongen met de sleutelhanger mag vandaag afsluiten.

‘We staan hier in een kring bij elkaar om te beseffen dat we niet alleen zijn. Ik vraag jullie om een moment stilte voor de nog lijdende verslaafden, binnen of buiten de muren van deze ruimte.’

Daarna volgt de laatste mantra van de dag. Iedereen in de kring dreunt die hardop op, zelfs de verlegen ex-spits van Oranje.

'God, schenk me de kalmte om te accepteren wat ik niet kan veranderen, de moed om te veranderen wat ik kan veranderen, en de wijsheid om het verschil te weten.'

Daarna is de sessie afgelopen. Iedereen omhelst iedereen, sommige mensen maken nog een praatje met elkaar en dan is het voorbij. Na vijf minuten is de ruimte weer zoals Wim Kieft hem vanochtend aantrof, kort nadat hij die Surinaamse meneer had afgeschud.

Leeg.

Slijter

'Zaterdag had ik het slecht, jongen.'

-Wat was er dan?

'Ik weet het niet. Ik had het de hele week al moeilijk gehad. Ik kwam om een uur of zeven aan op Metrostation Lelylaan. Het laatste stukje naar huis moest ik lopen. Ik passeerde het RAI-terrein. Het was helemaal verlaten en nat van de regen. Het zag er enorm troosteloos uit.

Ik werd er triest van. Even dacht ik bij mezelf: als ik nu bij de eerste de beste slijter binnenstap en vier flessen wijn koop, dan voel ik me over een uur gegarandeerd een stuk beter. Maar gelukkig realiseerde ik me dat dit niet de oplossing was. Het had niets te maken met een verlangen naar drank. Het was gewoon verdriet dat ik voelde, puur verdriet.'

-En toen?

'Toen moest ik enorm huilen. En ik werd ook heel erg bang. Ik ben daar ter plekke op mijn knieën gevallen en heb zitten bidden. Midden op straat, in de schaduw van de RAI. Ik weet niet waarom, maar om de een of andere manier had ik daar behoefte aan. Daarna ben ik thuis op de bank gaan liggen mediteren. Dat hielp. Ik werd snel weer kalm. De volgende dag ging het een stuk beter en was ik wel tevreden met mezelf. Ik had mijn gevoel in elk geval goed kunnen interpreteren en het belangrijkste: ik was niet bij de slijter binnengestapt.'

STAPPENWERKBOEK NARCOTICS ANONYMOUS
Stap 11, bladzijde 118

VRAAG 34
-Waarover ben ik vandaag tevreden?
'Meeting. Niet gek geworden. Geprobeerd in het nu te blijven.'

'Ik ben blij dat ik weer leef. Écht leef'

Twee dagen geleden voelde kleine Feline zich opeens niet zo lekker. Ze kreeg verhoging, werd wat hangerig en kroop steeds vaker tegen haar vader aan. Die vond dat stiekem wel lekker, zo'n klein, blond kacheltje tegen zich aan. Maar aan het einde van de dag zat haar hele lijfje vol rode plekken. 'Ze had waterpokken. Zo aandoenlijk om te zien, bij zo'n klein meisje. Ze kon niet naar school, ik moest haar verzorgen, en daardoor heb ik twee meetings gemist. Dat heb ik gelijk gemerkt. Ik was de afgelopen dagen niet zo goed. Voelde me onrustig, heel verdrietig ook. Daarom ben ik blij dat ik vanochtend weer ben geweest. Het is goed om het erover te hebben met mensen die hetzelfde ervaren als jij. Je leert van elkaar. En je herinnert elkaar eraan dat er boven alles één ding is dat je nooit moet doen: de eerste weer nemen. De eerste leidt altijd tot de volgende, maar nooit tot de laatste, zeggen ze hier. Dat is zo. En dat zit je elkaar de hele dag voor te houden.'

Precies om die reden is hij hier morgen weer, en overmorgen weer, en de dag daarna ook. Net zolang tot hij langzaam maar zeker weer gaat lijken op het jongetje dat ooit in het Olympisch Stadion zo onbevangen met Simon Tahamata opliep, en dat later uit blijdschap als een pasgeboren veulen rondsprong op een veld in Gelsenkirchen, die sporadische seconden in 1988 dat hij zich even euforisch, licht en vrij voelde, kort nadat hij tegen Ierland had gescoord.

Het is een lange weg die hij heeft te gaan. En de vraag is of er ooit wel een finish in zicht komt. Maar het is het allemaal waard, daarvan is hij inmiddels wel overtuigd. 'Misschien moet ik de rest van mijn leven wel elke ochtend zo'n meeting bezoeken. Zou kunnen. Ik zou het niet eens erg vinden, weet je dat? Het werkt voor mij, daar gaat het om. Ik begin het soms echt te merken. Ik kan weer voelen. Ik kan weer ontroerd raken. Écht voelen en écht ontroerd raken. Ik ervaar af en toe pure blijdschap, of puur verdriet. Dat verdriet zit heel diep en doet heel veel pijn, maar het is in elk geval wel echt. En dat is mooi.'

'Het proces waar ik doorheen moet is een hel. Echt, een hel. Maar aan de andere kant is het ook wel indrukwekkend om mee te maken. Het gaat te ver om te zeggen dat alles wat er de afgelopen jaren is gebeurd mij heeft verrijkt. Daarvoor was het veel te heftig en veel te pijnlijk. Voor mijzelf maar zeker ook voor de mensen om mij heen. Maar ik ben mezelf de afgelopen jaren wel veel beter gaan leren kennen. En ik heb wel heel erg veel geleerd door ook de andere kant van het leven te ervaren. Dat wel.'

Dan begint hij aan zijn fietsslot te morrelen. Als hij straks thuis is, gaat hij nog even mediteren of wat lezen in zijn *Just for Today*-boek. Dan heeft hij zijn best wel weer gedaan voor vandaag. Vanmiddag kan hij hopelijk met kleine Feline dicht tegen zich aan een slaapje doen op de bank, zodat hij vanavond goed uitgerust aankomt bij

Sport1. Daar zal hij samen met Henk ten Cate zijn licht laten schijnen over de Champions League. Vanavond spelen de multimiljonairs van Atlético Madrid tegen de multimiljonairs van Barcelona.

Hij kan zelf gelukkig lachen om het contrast dat er soms zit tussen zijn ochtenden en zijn avonden. 'Maar weet je wat het is?', zegt hij, als dat kolere-slot eindelijk open is en hij op zijn zadel springt voor de terugtocht naar Feline, 'ik ben gewoon blij en dankbaar dat ik weer leef, jongen. Dat ik weer écht leef.'

Vino blanco, por favor

'Ik zou er weleens uit willen.'

-Eruit?

'Ja. Gewoon, even lekker weg.'

-Tsja.

'Weet je waar ik van droom? Ik pak de auto en ben weg. Ik heb alleen een zwart tasje bij me, genoeg kleren voor een paar dagen. Ik rij naar Spanje en trek lekker langs de kust. De ene dag stop ik in Burgos, de andere dag in

Salamanca. Ik rij naar Valladolid als ik daar zin in heb, of ergens anders heen. Ik kan alles doen wat ik wil, want ik ben helemaal alleen. En aan het einde van de dag stop ik op zo'n Spaans pleintje en ga daar lekker zitten kijken hoe de zon ondergaat. Daar zou ik nu zin in hebben. Maar ik ben te bang.'

-Waar ben je bang voor?

'Dat de ochtend aanbreekt dat ik de ziekte in krijg. Dat ik mezelf niet meer in de hand heb en al om elf uur 's ochtends met mijn vinger begin te zwaaien. 'Vino blanco, por favor!' Nee, Spanje: laten we dat maar niet doen.'

STAPPENWERKBOEK NARCOTICS ANONYMOUS
Stap 11, bladzijde 118

VRAAG 34
-Heb ik vandaag iets gedaan waarmee ik zeker wil doorgaan?
'Ja. Weet dat als ik zo aan programma blijf werken er zeer veel mogelijkheden zijn voor mij. Denk niet meer destructief maar onderneem actie en heb vertrouwen dat ik veel kan ontwikkelen in mijzelf.'

'Jongen, hoe rij jij in godsnaam?'

'Nou,' zegt Wim Kieft, als hij zijn lange lijf in de bijrijdersstoel van de auto heeft gewurmd, 'rijden maar. Het is een tering eind weg, maar het zal er wel allemaal bij horen.' Sinds enige tijd is Wim Kieft te boeken als gastspreker. Daarom gaat hij vandaag naar Ommen, waar hij zich samen met Heracles-directeur Nico-Jan Hoogma in de kantine van OVC'21 voor een paar honderd toehoorders zal laten interviewen. Maar eerst moeten we er nog zien te komen.

Kort na het verlaten van de Amsterdamse ringweg,

begint het al. De eerste aanmerkingen op de routekeuze. De toon is zeurderig, lijzig, sarcastisch en komisch tegelijk. Wanneer het gemoed van Willem Kieft in deze modus verkeert, gaat hij nog Amsterdamser praten dan hij normaal gesproken al doet. Dan is de autorit niet vermoeiend maar fermoejond. En dan zijn het dit soort zinnen dat aan zijn lippen ontsnapt:

'Jongen, hoe rij jij in godsnaam?
of
'Maar jij denkt wel dat we er ooit nog komen?'
of
'Je hebt er nog wel vertrouwen in, in deze weg? Of ook niet meer?'
of
'Waar zíjn we überhaupt, mán?'
of
'Hoe vind je het zelf tot nu toe verlopen, de reis? Wel lekker?'

Het moet hetzelfde bijterige zeurtoontje zijn als destijds in 1988, toen hij hiermee in West-Duitsland ook met groot succes de sfeer grondig trachtte te ondermijnen. Op de snelweg richting het oosten kan hij het nog zo nadoen. Dan gaat hij extra lamlendig in zijn autostoel hangen, net als destijds aan het spitsentafeltje, zet een gezicht op alsof iemand hem zojuist een bedorven ei heeft aangeboden en zegt dan:

'Gaan we lekker trainen? Oh ja? En als ik nou toevallig helemaal geen zín heb om lekker te trainen? Wat dán?'
of
'Nee, dat wordt echt goed, dat EK van ons. Let maar eens op. Dat wordt echt smullen.'
of
'Alweer tomatensoep? Waarom krijgen wij altijd die tomatensoep? Waarom niet een keer groentesoep? Of beter nog: helemaal geen soep.'
of gewoon:
'Teeering... Ik wil naar huis.'

Onderweg praten we over de rode kaarten in zijn loopbaan. Volgens eigen berekening kreeg hij er in totaal maar vier. Niet veel voor iemand die van zijn achttiende tot zijn drieëndertigste jaar op het hoogste niveau heeft gespeeld, en dan ook nog met een nogal wispelturig temperament. Van die vier is er één beroemd geworden. De andere drie herinnert alleen Wim Kieft zelf zich nog.

'We speelden met PSV in Barcelona een toernooi. De eerste wedstrijd was tegen een ploeg uit Uruguay. Ik weet niet meer welke. Stond ik tegenover zo'n klassieke Zuid-Amerikaanse voorstopper, met zo'n zwarte stoppelbaard. Een slager. Hij tikt me aan en zegt, met een zwaar Spaans accent: "Hé noember nine. Your wife does fucky-fucky with Roed Goellit."

Nu kan ik erom lachen, maar toen heb ik hem toch een kolereschop gegeven. In Italië was trouwens een keer precies hetzelfde gebeurd, op een woensdagmiddag bij Torino. Opeens werd de training geschrapt en moesten we een vriendschappelijke wedstrijd spelen tegen Steaua Boekarest. Waarom weet ik niet. Het sneeuwde. Ik speelde tegen zo'n voorstopper met van dat sluike blonde haar, ik herinner me zijn naam niet meer. En verdomd, die gozer uit Roemenië zegt precies hetzelfde als die gast uit Uruguay. Dat mijn vrouw fucky-fucky doet met Roed Goellit. Kreeg ik weer rood. Op woensdagmiddag. Om half vier. Geen mens op de tribune. We hadden niet eens een grensrechter, man. Ik schopte hem vol op zijn knie. Bij het neervallen gaf hij mij nog een klap. Moesten we er allebei uit.'

Kieft moet erg lachen wanneer hij over zijn rodekaartescapades in Italië vertelt, maar wanneer we zijn aanbeland bij de beroemdste rode kaart, wordt hij iets minder spraakzaam. Het is niet zijn favoriete gespreksonderwerp. De manier waarop Franky Vercauteren hem bijna dertig jaar geleden tijdens België-Nederland een rode kaart aansmeerde, was lange tijd een aanslag op zijn zelfvertrouwen. Het maakte Oranje's poging om het WK in Mexico te bereiken op slag tot een mission impossible. 'Vercauteren was een speler die provoceerde. Daar heb ik nooit tegen gekund. Kijk, ik was Italië gewend. Daar provoceerden ze niet, daar gaven ze je gewoon gelijk een elleboog of een doodschop. Het klinkt nu een beetje stoer, maar daar wist je in elk geval wel gelijk waar je aan toe was. Bij Vercauteren niet. Het gebeurde heel vroeg in de wedstrijd. Het spel lag dood. Hij wilde een vrije trap nemen en ik ging ervoor staan, zoiets was het. Hoe dan ook: hij schopte me. Ik pakte hem bij zijn strot. Ik wilde hem alleen maar op afstand houden, maar toen ik hem aanraakte, ging ie gelijk liggen. Alsof ik hem geslagen had. Maar dat was echt niet zo. Kreeg ik rood. Al na drie minuten. Stom van mij. Wat er daarna is gebeurd, weet ik allemaal niet meer. Ik herinner me dat ik helemaal alleen in de kleedkamer zat. En dat ik de volgende ochtend terugvloog naar Italië en dat Joop Zoetemelk in hetzelfde vliegtuig zat. Twee losers bij elkaar.'

We zijn nog niet eens halverwege de rit, wanneer Wim Kieft een bijzondere belangstelling aan de dag begint te leggen voor de wegrestaurants aan de andere kant van de vangrail. Hij is een grote eter. Altijd al geweest. We zijn nog niet eens bij Amersfoort, of zijn maag rommelt al als een cementmolen.

'Gaan we nog wat eten dan? Of wil jij net zo lang doorrijden tot we in Duitsland zijn, of zo?'

Even later, een parkeerplaats langs de A28. Bij het uitstappen vergeet hij bijna zijn telefoon. 'Maakt niet uit,' zegt hij, 'het beltegoed is toch op.' Het is een kleinigheid, nu aan de overkant van het asfalt Restaurant

Nunspeet Routiers hem als een fata morgana toelacht. Al rokend wandelt hij er door een onheilspellend tunneltje naartoe.

Het eetcafé van Restaurant Nunspeet Routiers heet Kukeluusje. Dat betekent Lieveheersbeestje in het plaatselijke dialect. Verder ziet wegrestaurant Nunspeet eruit zoals een wegrestaurant eruit hoort te zien. Er staan schoolborden waarop met krijt staat aangekondigd wat het menu van de dag is. Ze vermelden meestal iets dat goed combineert met huzarensalade. Er hangt een televisie in de hoek, het geluid uit, en er werken vriendelijke serveersters. Ze hanteren de moederlijke toon waar een vrachtwagenchauffeur op doorreis weleens behoefte aan kan hebben.

In het midden van de zaak, aan een houten stamtafel, zitten er een stuk of zeven grommend bij elkaar, de ellebogen op tafel, turend naar de bodem van hun glas, verscholen achter een verkreukelde *Telegraaf* of vol concentratie in gevecht met een walmende bal gehakt uit eigen keuken.

Dit is *no-nonsense country*. Kieft wordt wel herkend door de zwijgende chauffeurs, maar niemand voelt hier de aanvechting hem aan te spreken, laat staan een fototoestel te trekken. Zelfs de woorden Kopbal en Ierland vallen niet. Van het groepje is er maar één die zich tot de ex-voetballer wendt. Het is een al wat oudere trucker met een snor die zó droefgeestig langs zijn bovenlip naar beneden druipt, dat de puntjes ervan bijna in zijn romige tomatensoep hangen. In een bui van grote uitbundigheid licht hij zijn rechterwijsvinger op en bromt:

'Willem.'

Kieft knikt lachend terug.

'Hoi.'

Dat is alles, maar genoeg.

In het restaurantgedeelte staat Wim Kieft in een zee van onbezette tafeltjes, want erg druk is het niet. Er is vandaag één klant. Het is een man die zwijgend zijn bier drinkt, terwijl zijn ogen zijn vastgezogen aan het televisiescherm. Eurosport.

'Goed is het hier,' zegt Wim Kieft. 'Echt lachen.' Hij lijkt oprecht te genieten. Hij heeft in de loop der jaren een goed oog ontwikkeld voor de tragikomische kant van het leven. Hier, langs de A28, ligt het voor het opscheppen, maar je moet het wel zien. Kieft ziet het. Hij wijst op een dikke map die ook van het uitvaartcentrum geweest zou kunnen zijn, ware het niet dat er in grote letters MENU op staat. De ene zwaar geplastificeerde bladzijde na de andere toont het klassieke aanbod, van de tomatensoep tot aan het sorbetijs. Een snelle blik leert dat er vandaag geen Steak Tartare is. Ook de Thaise Tom Yam Koen die hij zo graag eet, of iets dat lijkt op de halve kreeft van restaurant Dynasty in Amsterdam, is nergens te bekennen. Veel exotischer dan kipsaté met patat en mayonaise wordt het hier niet.

Bang

-Ben je bang?

'Ja.'

-Waarvoor?

'Weet ik niet. Maar ik ben wel bang. Vreselijk bang. Niet eens zozeer bang om weer te gaan gebruiken. Ik weet niet precies waar ik bang voor ben. Ik ben al bang voor wat er over een halfuur zou kunnen gebeuren.'

-Wat doe je dan?

'Dan ga ik maar proberen te bidden. Of schrijven. Of mediteren. Of ik neem gewoon een pil. Of ik praat op mezelf in.'

-En wat zeg je dan?

'Rustig Wim, er is niets aan de hand. Er is helemaal niets aan de hand.'

-En helpt dat?

'Soms. Een beetje.'

-Hoe merk je dat je voorruit gaat?

'Als je de dagelijkse opdrachten van de NA doet, krijg je op een gegeven moment een beetje rust in je kop, ga je dingen helder krijgen, zie je zaken die je eerst niet zag. Je merkt het aan je eigen gedrag. Ik ben toen een keer uit het niets gaan schrijven. Dat hoor je vaak bij verslaafden. En weet je wat de eerste zin was die spontaan uit mijn pen kwam?'

-Nou?

'Ik ben altijd bang voor morgen. Dat is de eerste zin die ik schreef: ik ben altijd bang voor morgen. En zo is het nog steeds. Ik kan me heel even lekker voelen, maar vrijwel direct ben ik dan ook bang dat het morgen anders is. Het kan in mijn gedachten nooit zo goed blijven gaan als vandaag. Dat is vervelend hoor.'

-Dat geloof ik.

'Zit ik lekker relaxed naar een goeie film te kijken en dan denk ik: leuk, maar het zal zo wel weer anders zijn. Bloedirritant is dat.'

'Wat doe ik hier eigenlijk, man? Nee, serieus: waar ben ik mee bezig?'

Een halfuur later. De kipsaté is als sneeuw voor de zon verdwenen, de grommende truckers zijn gedag gezegd en de serveersters bedankt. We zijn nog steeds onderweg naar Ommen. Wim Kieft staart een tijdje door het zijraam naar buiten. Veel is er niet te zien. Een polder, een paar verdwaalde bomen, een groepje boerderijen als stipjes aan de horizon. Het doet hem denken aan Bergeijk, het dorp waar hij woonde in zijn eerste periode bij PSV. De leiding had hem een mooi plekje gegeven met uitzicht op een woud. Ongetwijfeld goed bedoeld, maar als het stadsmens Wim Kieft ergens somber van

wordt, dan is het wel van een bos.
We zijn al een tijdje voorbij Zwolle. Het gezucht en gesteun in de bijrijdersstoel neemt nu met elke kilometer toe.
'Waar zijn we in godsnaam, mán?'

Hij heeft net voor de achtste keer gezegd dat hij voortaan echt liever weer met de trein gaat, wanneer het bordje Ommen in beeld komt. Nog een paar minuten.
'Eindelijk,' zucht hij. En: 'Ik moet eigenlijk nog wel even ergens sigaretten halen.' Het voorstel om daarvoor naar de Lidl te gaan, de budgetsupermarkt aan de overkant van de weg, wordt in eerste instantie weggehoond.
'Jij wilt alleen maar daarnaartoe omdat je dat leuk voor je boek lijkt: met Wim Kieft in de Lidl. Ik heb jou door, jongen. Nou, kom op dan. Naar de Lidl.'

Even later, nog voor het draaihekje van de supermarkt, vouwt hij zijn handpalm open. Twee minuscule witte tabletten. Kalmeringsmiddelen. Zonder stapt hij straks liever niet een volle voetbalkantine binnen. Tussen immense torens pakken appelsap gooit hij ze achterover en slikt ze in één keer weg. 'Ik was een keer bij de Lidl in Amsterdam. Pak melk halen of zo. Sta ik bij de kassa, zegt die gozer: “Goh, meneer Kieft, u bij de Lidl... Gaat het soms niet zo goed met u?” Daar moest ik wel om lachen.’

Op weg naar de kassa voor een pakje Marlboro Light, wijst hij op een rek met flessen witte wijn. Ze zijn in de aanbieding. 2.99 per fles, inclusief schroefdop. ‘Het kan nog goedkoper hoor. Vroeger kocht ik flessen van 1,99. Ik zorgde altijd dat ik er minstens twee op voorraad had, gewoon voor het geval ik het nodig had. Meestal nam ik zoete wijn. Niet omdat dat nou zo lekker is, helemaal niet, maar dat drinkt makkelijker weg als je wakker wordt dan droge. Dan is het pats-pats-pats een paar glazen en dan maar hopen dat je weer een uurtje kunt slapen.’

Glimlachend legt hij zes euro neer voor de sigaretten.

‘Prettige Pasen,’ zegt de caissière.

‘Ja hoor, u ook mevrouw,’ zegt Wim Kieft. ‘Prettige Pasen.’

Dan is het op naar de auto voor de laatste twee kilometer. Buiten, op het parkeerterrein, grijpt hij plotseling met twee handen naar zijn maag. Een paniekaanval? Midden in Ommen? ‘Nee mán. Die kipsaté zit me dwars.' Hij laat een boertje. Daarna kunnen we gaan.

Aankomst op het sportpark. In de auto heeft Kieft verteld dat hij dit doet ter promotie van zichzelf. Hij moet een beetje in de picture blijven. Zijn bekende kop is het grootste wapen waarmee hij zijn schuld te lijf kan. Desondanks is dit altijd het moment dat hem even de moed in de schoenen zinkt.

'Wat doe ik hier eigenlijk, man? Nee, serieus: waar ben ik mee bezig?', vraagt hij op weg naar de volle kantine. Maar tijd om antwoord te geven is er niet, want vanaf veld 3 klinkt zijn naam al.

'Wim Kieft?', vraagt een blonde mevrouw. Ontkennen heeft geen zin meer. Ze wenkt hem al. 'We zijn net aan het trainen met ons G-elftal. Zou jij het niet leuk vinden om even met ze op de foto te gaan?' Kieft knikt, ongetwijfeld blij dat hij zijn kalmeringsmiddelen al heeft ingenomen. Even later schuifelt hij het veld op. 'Hé, we zijn nog aan het trainen hoor,' roept een van de spelers.

'Wim Kieft?', zegt een ander, 'wie is dat, Wim Kieft?'

Die relativerende toon bevalt hem wel. Ontspannen maakt hij een praatje met de linksback. Het woord Ierland valt niet één keer. Sterker nog, de meeste spelers doen een stuk normaler tegen hem dan de gemiddelde Nederlander.

Even later staat Kieft – zwarte gympen, zwarte broek, zwart T-shirt, grijs colbert – in een gure wind tussen een stuk of veertien voetballers en perst er een glimlachje uit. Als iedereen zijn hand heeft geschud en ook een paar omstanders van de gelegenheid gebruik hebben gemaakt om hem een tijdje op zijn schouder te mogen slaan, stapt hij de kantine binnen. Zo'n driehonderd dorpsgenoten zijn daar eerst in processie langs een walmend buffet getrokken en wachten nu op de hoofdact van de avond: de vragen die gespreksleider Jan Medendorp op zijn twee gasten Willem Kieft en Nico-Jan Hoogma zal afvuren.

Presentator Jan Medendorp is een bescheiden fenomeen in de oostelijke voetbalwereld: meer dan honderd kilo, vandaag bijeen gehouden door een paars kostuum, met een tong zo scherp als een fileermes. Medendorp bedient zich bij zijn werk van een accent dat uitheems aandoet, hier tussen de akkers van Ommen: plat Haags. Verder heeft hij een nogal agressieve manier van het publiek bij de show betrekken. Hij loopt gewoon de zaal in en houdt bij een willekeurig iemand de microfoon voor zijn neus. 'Zeg ook eens wat zinnigs,' beveelt hij dan. Of: 'Niet dat u eruitziet alsof u er enig verstand van heeft, maar wie moet er nou als linksback mee naar het WK?'

Het is niet de eerste keer dat Kieft en hij samenwerken. Een tijdje terug spraken ze een zaal toe in Enschede. Na afloop was Kieft met tienduizend mensen op de foto gegaan, waarbij alle tienduizend hadden verteld dat ze destijds in Gelsenkirchen precies in de baan van het schot hadden gezeten. Daarna was hem de traditionele fruitmand overhandigd en had Jan Medendorp hem afgezet op station Deventer. Net op tijd om de laatste trein naar Amsterdam te halen. Het was inmiddels al midden in de nacht. Daar zat hij dan, de Europees kampioen, eerste klas rijdend met een kaartje voor de tweede, en een inmiddels halflege fruitmand op schoot. De sfeer aan boord was goed. 'Heeft u een geldig plaatsbewijs?', vroeg de conducteur halverwege de eindeloze reis. 'Nee,' zei Kieft, 'maar ik heb wel een peer. Of een appel, als u dat toevallig lekkerder vindt.'

In Ommen schudt hij achter de schermen de hand van Nico-Jan Hoogma en zijn partner. Heracles-voorzitter Jan Smit is hier ook, samen met een handjevol clubmensen. Na een paar minuten voelt Wim Kieft het al. De meneer rechts van de bar gaat hem straks aanspreken. Na zoveel jaar heeft hij er een zesde zintuig voor ontwikkeld. Een paar tellen later is het al zover.

'Zo Wim.'

'Dag meneer.'

'Hoe is het met de catamaran?'

'Hoe is het met de wat?'

'Met de boot? Je catamaran?'

'Euh… Ik heb helemaal geen catamaran.'

'Jawel toch?'

'Nee hoor. Echt niet.'

'In Frankrijk?'

'Ook niet.'

'Oh. Nou, dan was het zeker een andere voetballer die een catamaran had.'

'Ja, ik denk het.'

Aan de andere kant van de vouwwand, in de kantine, is het voor Jan Medendorp intussen nog een hele toer om het publiek aan de bar stil te krijgen, maar als het zover is, kondigt hij Wim Kieft aan als de man die er in 1988 mede verantwoordelijk voor was dat Oranje Europees kampioen werd. Er trekt een lichte waas van gêne over het gezicht van de hoofdpersoon, maar die is helemaal verdwenen zodra hij op het podium zit.

Het is verbazingwekkend om te zien hoe gemakkelijk het praten over voetbal hem afgaat, ook al lijkt een deel van de zaal niet al te geïnteresseerd. Hier doet zich hetzelfde voor als wanneer hij voor een tv-camera verschijnt. Er zit niet zoveel verschil tussen de Wim Kieft die in de auto zucht om wéér een verkeerde afslag, of de Wim Kieft die zich even later in de zaal stoort aan de arrogantie van José Mourinho. Veel minder dan hij zelf denkt in elk geval. Zijn grootste kracht op het podium is juist dat hij zo zichzelf is. Al is twee keer drie kwartier praten wel wat lang in een kantine waarin de bladen bier steeds sneller rondgaan. Wim Kieft doet net of hij het niet ziet.

Intussen loopt Jan Medendorp met een microfoon door de zaal. Hoewel hij ze toespreekt op een toon die je eerder verwacht van de Argentijnse junta, betrekt hij graag het publiek bij de avond. Dat valt in Ommen nog niet mee.

'Wat vind je van die Kieft op tv?', vraagt hij aan een man in het midden van de kantine.

'Niks,' zegt de man.

'Wat nou niks?', blaft Medendorp.

'Gewoon niks. Ik kijk nooit.'

Op zijn kruk achter het spreekgestoelte komt Wim Kieft niet meer bij.

Zo wordt het vanzelf een vrolijke avond. Zijn gezicht betrekt pas weer wanneer het onvermijdelijke gebeurt. Iemand begint over de rode kaart tegen België. Of hij nog weleens wakker heeft gelegen van Franky Vercauteren? En of hij hem ook nog weleens heeft gezien na die avond in Brussel?

'Ja,' zegt Kieft. 'En het was nog steeds een eikel.' Als de kantine is uitgelachen, nuanceert hij. 'Het is wel een smetje op mijn loopbaan. Vooral omdat het zo dom van me was om me zo te laten provoceren.'

Het publiek wordt steeds luidruchtiger in Ommen. Het lijkt niemand echt te storen, behalve dan Jan Medendorp. Hij loopt op een al iets oudere man af. 'Hé

bejaarde, wat mankeert er aan deze bijeenkomst?'
'Geen idee', zegt de bejaarde.

'Nou, zou je dan misschien ook even willen luisteren naar wat er gezegd wordt?'

Vier

'Weet je wat ik zou willen?'
-Nou?
'Dat ik weer vier was.'
-Pardon?
'Vier jaar oud. Serieus, dat lijkt me heerlijk.'

'Meneer, gaat dit gesprek nog ergens heen?'

Na afloop. Kieft is wel een beetje uitgepraat over zichzelf. Helaas houdt niemand daar verder rekening mee. Achter een vouwwand die een beetje openstaat, is hij een prooi voor de halve bevolking van Ommen. De burgemeester komt als een van de eersten een handje schudden. De voorzitter van OVS'21 ook. Als snel trekt er een heel defilé van notabelen en bewonderaars aan hem voorbij. Het meest vreemde heerschap onder hen is iemand met een rode snor, die plotseling zonder iets te zeggen een Ajax-seizoenskaart onder de neus van de ex-spits houdt.

Kieft, staat er op het plastic kaartje achter zijn voorletters.

Daarna ontspint zich een nogal wezenloos gesprek, vol misverstanden. Het gaat zo:

'Ben jij deze kaart soms verloren daarnet, Wim?'

'Euh… nee.'

'Kijk dan. Die achternaam.'

'Ah, u heet ook Kieft. Leuk… '

'Ben jij deze kaart verloren, daarnet?'

'Wat bedoelt u, meneer?'

'Ben jij deze kaart soms verloren?'

'Nee. Maar ik snap eigenlijk niet helemaal precies wat u nou bedoelt.'

'Dat ik tegen jou zeg: ben jij deze kaart soms verloren? Snap je?'

'Nee, eerlijk gezegd niet.'
'Ben jij deze kaart soms verloren?'
Nu raakt Wim Kieft een tikje geïrriteerd.

'Meneer, gaat dit gesprek nog ergens heen? Anders ga ik liever effe roken, of zo.'

Er komt verlossing van een groep dames. Al giechelend vallen ze binnen. De brutaalste van het stel vraagt of ze allemaal met Kieft op de foto mogen. Dat mag. Het valt niet mee om vriendelijk te blijven glimlachen terwijl er de hele tijd wildvreemde, slecht verstaanbare en soms hevig transpirerende mensen je van heel dichtbij een oninteressant verhaal komen vertellen. Maar Wim Kieft kan het. Op een bepaalde manier kan hij achteraf eigenlijk wel lachen om de vreemde dingen die ze soms tegen hem zeggen. En dat iedereen denkt dat ie een origineel verhaal heeft, terwijl ze in werkelijkheid allemaal hetzelfde vertellen. Meestal dat ze erbij waren tegen Ierland en dat ze toevallig precies in de baan van het schot zaten.

'Hé Kieft,' zegt een man van een jaar of vijftig, 'Wij zijn een keer samen op de foto geweest, weet je dat nog?'
'Zou kunnen.'

‘Weet je dat niet meer?’
‘Nou nee, sorry, maar ik... ’
‘Het was op De Herdgang.’
‘Ja?’
‘Een keertje na de training.’
‘Oké... ’

Wat Wim Kieft betreft, is het gesprek nu wel afgelopen. De volgende is aan de beurt, net zolang tot het tijdstip is aangebroken waarop je met goed fatsoen het pand kunt verlaten. Maar sommige mensen zijn volhouders.
‘Weet je het nu weer?’, zegt de man.
‘Nee. Nog steeds niet.’
‘Jij stond links, ik rechts. Zo naast elkaar, weet je niet? Die foto heb ik nog thuis liggen.’
‘Sorry meneer, ik weet het echt niet meer.
‘Wel waar. Je weet het wél.’
‘Oké, als u het zegt: dan weet ik het wel.’
‘Zie je nou wel Kieft? Natuurlijk weet je het.’
Zo gaat het een paar keer per week. In de rij voor de kassa, op het schoolplein, in de tram: overal zijn mensen die hem herkennen en die zich geroepen voelen daarover iets tegen hem te zeggen.

Overal, behalve in de meetings van de NA. 'Dat is het bijzondere aan die ochtenden, het lekkere ook. Ik word daar door niemand op een andere manier bekeken omdat ik voetballer ben geweest. Het is een van de weinige plekken waar dat absoluut geen enkele rol speelt. Ik ben daar Wim, de verslaafde. Niet Kieft, de voetballer. Dat is een heel groot verschil. Alleen daar kan ik echt mezelf zijn. Precies zoals ik ben, met al mijn goede en slechte kanten.'

Hij moet lachen om het inzicht dat de mensen die geestelijk gezond worden geacht met hem soms de meest krankzinnige gesprekken voeren, terwijl de mensen die kampen met de geestelijke problemen die horen bij een verslaving, juist de enigen zijn die volkomen normaal met hem omgaan.

'Wat zou dat eigenlijk over míj zeggen?'

Het is al bijna halfelf. Het wordt tijd voor de terugreis. Kieft krijgt de traditionele geschenkenmand overhandigd. Even later wijst de kantinebeheerder de achteruitgang. Buiten is het pikdonker.

'Kijk uit op het trappetje, dat is glad. Goede reis.'

Het regent. Wim Kieft heeft alleen een T-shirt en een colbert aan. Het is nog drie voetbalvelden lopen tot het parkeerterrein. Weer die diepe zucht.
'Lekker dan. We zijn goed bezig vandaag.'
In de auto. Wim Kieft heeft honger. 'Zullen we hier blijven slapen? Nemen we een hotel, drinken we gezellig een wijntje... ' In plaats daarvan rukt hij het cellofaan van de mand en trekt er een salami uit tevoorschijn met de afmeting van een honkbalknuppel. 'Waar zit hier het lampje, mán?' Hij breekt de worst doormidden en bijt er een stuk vanaf. Voordat we bij Zwolle zijn, is alles op.

Op het verlaten asfalt richting Amsterdam gaat het over het boek. Hij heeft lang getwijfeld of hij het wel zou willen lezen. Niet vooraf en niet achteraf. Hij heeft ook een tijdje gespeeld met de gedachte het zijn dochters te laten lezen. Maar nu is hij eruit. 'Ik wil het wel vooraf lezen. Als enige. Eén keer. Jij moet erbij zijn. Ik kom naar jou toe, naar Rotterdam. Laten we afspreken in een mooi hotel. Dan lopen we samen door de tekst heen. Daarna zeg ik wat ik ervan vind en lees ik het nooit meer.'

Hij steekt een sigaret op en gaat aan de gang als een

oceaanstomer. Pas daarna draait hij het raampje open. Het was misschien beter geweest als hij dat in omgekeerde volgorde had gedaan. Nu rijdt er een naar salami ruikende *VI*-leasewagen vol sigarettenrook richting Amsterdam.

STAPPENWERKBOEK NARCOTICS ANONYMOUS
Stap 4, bladzijde 50

VRAAG 79
-Welke spirituele principes pas ik toe in mijn leven? Hoe heeft dit mijn leven veranderd?
'Ben betrouwbaar en liefdevol en onderneem actie.'

'Hé, moet dat er ook in?'

'Wat is dat Rotterdam groot zeg,' lacht Wim Kieft, wanneer hij deze middag op perron 16 met de sprinter uit Amsterdam arriveert. De tocht langs het spoor had hem doen terugdenken aan zijn tijd als jonkie bij Ajax, toen de stenen vaak om zijn oren vlogen bij aankomst in deze stad. 'Was niet fijn hoor, in de jaren tachtig, om hier met de bus uit Amsterdam aan te komen. Dat had echt wel iets bedreigends, al die haat op de gezichten van die mensen langs de weg.' Daarna beklaagt hij zich over de prijs van het treinkaartje.

Even later, in de auto. Bij de vorige rit heeft hij per

ongeluk een stuk van de salami van OVC'21 in het opbergvakje achter de bijrijdersstoel laten vallen. Dat was bijna twee weken geleden. Vandaar dat het nu in de auto ruikt alsof er zojuist een jong geitje ritueel is geslacht. Kieft kan er wel om lachen. Hij kijkt zijn ogen uit, maar hij blijft een Amsterdammer, ook in Rotterdam.
'Die Euromast, wat hep die eigenlijk voor nút?'

We zijn op weg naar STROOM, een hip hotel in het minstens zo hippe Lloydkwartier. Daar, in de comfortabele beslotenheid van de Urban Lounge, zal hij het manuscript van zijn eigen boek voor het eerst onder ogen krijgen. Het voelt als een quasi plechtig moment. Dat zit 'm ook in de symboliek. Dik drie maanden eerder had hij zélf in een hotel, toen een Amsterdams hotel, een pak papier overhandigd: zijn dagboekaantekeningen van de NA. Het was de start geweest van een ingrijpend project, een serie gesprekken in de lobby van het College Hotel die hij af en toe moest onderbreken om even tot zichzelf te komen, in de tuin of op het toilet. Er was veel verteld, lang gezwegen en diep gezucht, maar er was godzijdank ook veel gelachen. Zwarte humor en een oog voor het absurde houden Wim Kieft op de been. Hij is niet voor niets een groot liefhebber van Arnon Grunberg.

Nu, drie maanden later en dit keer in een Rotterdams hotel, volgt de overhandiging van opnieuw een pak papier, maar in omgekeerde richting: zijn boek. Meer dan honderddertig A4'tjes op een stapel. 'Oké,' zegt Kieft, als hij zich in de hotelsuite aan een lange tafel heeft gezet, 'daar gaat ie dan.'

Hij begint te lezen. Hij is nerveus geweest voor dit moment, net als de auteur. De zweetplekken staan op zijn shirt. Na vijf minuten wijst hij op zijn bovenarm. Kippenvel. Een goed teken. Pas na een minuut of tien begint hij voor het eerst met hoofdschudden.
'Hé, moet dat er ook in? Dat gelul over dat voetbal? Zijn mensen daarin wel geïnteresseerd?'

Daarna leest hij verder. Zo gaat het een paar uur door. Af en toe onderbreekt hij het scannen van de zinnen om het traanvocht uit zijn ogen te wrijven, om te zeggen dat hij trek heeft in zoute pinda's, om te plassen, om nog een keer te plassen, om te zeggen dat Rotterdam toch zo groot is, en om een paar keer te vluchten naar de frisse lucht van het dakterras en daar in alle rust een sigaret te roken.

De schemer valt al over de havenkranen aan de horizon, wanneer hij ook de laatste bladzijde heeft gelezen. Daarna volgt een nogal ongemakkelijke omhelzing, waarbij per ongeluk bijna twee bureaustoelen en een lamp omvallen. Het project is ten einde. 'Kom op, neem je glas mee. We gaan naar het dakterras.' Even later zit hij daar in een heerlijke ligstoel, sigaret al in de aanslag en zucht de diepste zucht van de afgelopen maanden.

Wijn

-Ben je opgelucht, nu je het gelezen hebt?

'Ja. Heel erg opgelucht.'

-Je hebt aan het begin van dit project gezegd dat het alleen kans van slagen had als je helemaal eerlijk zou zijn.

'Ja, dat klopt. En dat vind ik nog steeds.'

-Maar je hebt ook gezegd dat niet alles wat ik zag of hoorde automatisch in het boek mocht.

'Klopt ook. Sommige dingen wil ik voor mezelf houden, maar dat is vooral om anderen te beschermen.'

-Snap ik. Toch heeft zich één cruciaal punt aangediend.'

'Wat dan?'

-Ik heb je af en toe in het openbaar een glas wijn zien drinken.

'Dat klopt. Daar lieg ik ook niet over. Het punt is alleen dat mijn kinderen dat niet weten. Ik heb het ze niet verteld omdat ik niet wil dat ze zich ongerust maken over me.'

-Dat snap ik.

'Ik zal het ze vertellen. En uitleggen hoe het zit. Het is beter om helemaal eerlijk te zijn. Maar wat vind jij er dan van? Dat ik af en toe een wijntje drink?'

-Het lijkt mij spelen met vuur. Dat heb je zelf tegen mij gezegd.

'Ja, dat is waar. Maar ik heb het idee dat ik inmiddels ver genoeg ben in mijn herstel om het te kunnen controleren. Dat blijkt ook. Ik drink een glaasje, af en toe. Als de gelegenheid er aanleiding toe geeft. Met mate. En dus niet meer dagelijks de ene fles na de andere, snap je? Helemaal niet. Dat wil ik niet meer. En het is bovendien mijn eigen verantwoordelijkheid, toch?'

-Zeker. En zie je nu op tegen de dag dat het boek in de winkels ligt?

'Een beetje. Maar ik ben er ook wel trots op, hoor. Dit is gewoon mijn verhaal, precies zoals het gegaan is. Met zijn mooie en zijn minder mooie kanten. Ik hoop dat duidelijk wordt wat coke met je doet, welke schade het aanricht. En dat je een goed beeld krijgt van wie ik ben, met mijn goede en mijn slechte kanten. Dus... Hé, ik ben er trouwens nou wel een beetje klaar mee hoor.'

-Waarmee?

'Met dat zware gelul over dat boek van jou. Het is prachtig, oké? Echt heel mooi. Zo. Klaar. Laten we erover ophouden. We gaan het vieren. In Rotterdam, gezellig. Kom op, man. Haal de auto. We gaan lekker ergens iets eten. Jij betaalt.'

EINDE

Met dank aan:

Manon Boodt, Hugo Borst, Marieke Derksen, Peter van Duyl, Guya van Egmond, Nina van Egmond, Jacqueline de Haas, Kees Jansma, Joke Jonkhoff, Edwin van der Meijde, Antoinnette Scheulderman, STROOM Rotterdam, College Hotel en Narcotics Anonymous Amsterdam.